Biosphäre 7/8

Lösungen

Baden-Württemberg

Cornelsen

Biosphäre
Band 7/8 Gymnasium Baden-Württemberg

Lösungen

Herausgeber: Stefan Auerbach, Karlsruhe; Dr. Werner Bils, Tübingen

Autorinnen und Autoren:
Astrid Agster, Reutlingen; Stefan Auerbach, Karlsruhe; Dr. Werner Bils, Tübingen; Robert Felch, Mögglingen; Dr. Horst Janz, Tübingen; Gabriele Rupp, Stutensee; Dr. Ulrike Schieck, Landau/Pfalz; Dr. Stephanie Schrank, Ulm; Hans-Jürgen Staudenmaier, Pfinztal; Dr. Matthias Stoll, Tübingen; Michael Szabados, Denzlingen

Teile dieses Heftes sind anderen Ausgaben der Lehrwerksreihe Biosphäre entnommen.

Autorinnen und Autoren dieser Ausgaben:
Silke Bringezu; Frank Deutschmann; Anne-Kathrin Dierschke; Dr. Axel Goldberg;
Daniela Grabenstein; Franziska Hach; Angelika Huber; Yvonne Hübner; Prof. Dr. Anke Meisert; Annegret Schlegel;
Constanze Steinert

Redaktion:
Ina Albrecht

Designberatung:
Katharina Wolff-Steininger, Ellen Meister

Layoutkonzept und Umschlaggestaltung:
SOFAROBOTNIK GbR, Augsburg & München

Layout und technische Umsetzung:
zweiband.media, Berlin

Grafik:
Karin Mall, Berlin; Tom Menzel, Klingberg; Werner Wildermuth, Würzburg

www.cornelsen.de

1. Auflage, 3. Druck 2020

Alle Drucke dieser Auflage sind inhaltlich unverändert und können im Unterricht nebeneinander verwendet werden.

Druck: Esser printSolutions GmbH, Bretten

ISBN 978-3-06-420016-6

PEFC
PEFC/04-31-2851

PEFC zertifiziert
Dieses Produkt stammt aus nachhaltig bewirtschafteten Wäldern und kontrollierten Quellen.

www.pefc.de

Zelle und Stoffwechsel 6

Körper des Menschen 20

⊕ Zusatzangebot zur Erweiterung und Vertiefung des Unterrichts

Sexualität und Fortpflanzung 49

Informationssysteme 54

⊕ Zusatzangebot zur Erweiterung und Vertiefung des Unterrichts

Hinweis zum Lösungsheft:

Zu einigen Aufgaben, vor allem zu den Aufgaben auf den Materialseiten, werden im Lösungsheft gestufte Hilfen angeboten. Sie können diese direkt übernehmen und individuell einsetzen und haben so die Möglichkeit, binnendifferenziert zu arbeiten.

Die gestuften Hilfen sind mit dem Symbol gekennzeichnet.

Zelle und Stoffwechsel

1 Zellen

Pflanzenzelle

Seite 14–16

1 Beschreibe die beiden Zellbestandteile, die die Pflanzenzelle umhüllen!
Das Zellplasma wird nach außen hin von einer Membran, der Zellmembran, begrenzt. Die Zellmembran ist ein sehr zartes, flexibles Häutchen. Über der Zellmembran liegt eine stabile Hülle aus einem Geflecht von festen Fäden, die Zellwand. Sie ist zwar sehr dünn und durchsichtig, aber dennoch stabil. In der Zellwand befinden sich Öffnungen, die Tüpfel.

2 Beschreibe die Aufgaben des Zellkerns, der Chloroplasten und der Mitochondrien!
Der *Zellkern* steuert die Lebensvorgänge in der Zelle. Zuständig dafür ist die Erbinformation, die in der Erbsubstanz, der DNA, liegt.
Die *Chloroplasten* sind die Bereiche einer Zelle, in denen Fotosynthese stattfindet. Hier werden Nährstoffe hergestellt.
In den *Mitochondrien* einer Zelle wird Glukose zu Wasser und Kohlenstoffdioxid abgebaut. Dadurch wird Energie freigesetzt, die der Zelle dann zur Verfügung steht. Mitochondrien werden daher auch als Kraftwerke der Zelle bezeichnet.
Zusatzinformation: Aus Gründen der didaktischen Reduktion bleibt hier die DNA der Mitochondrien und Plastiden unberücksichtigt.

3 Erkläre die Funktion der Membranhülle von Organellen!
Die Membranhülle ermöglicht, dass in der Zelle Räume vom übrigen Zellplasma abgetrennt werden. Durch Membranen hindurch können nur bestimmte Stoffe ein- oder austreten. So können in den durch Membranen begrenzten Räumen andere Bedingungen herrschen als im übrigen Zellplasma. In diesen Räumen, den Kompartimenten, können daher Vorgänge so ablaufen, dass sie andere Bereiche des Zellplasmas nicht stören oder von ihnen gestört werden.

4 Erkläre, weshalb eine Zelle ohne Zellkern nur kurze Zeit leben kann!
Der Zellkern ist die Steuerzentrale der Zelle. Von der hier liegenden Erbsubstanz gehen die Informationen aus, die die Lebensvorgänge regeln und aufeinander abstimmen. Wenn der Zellkern fehlt, laufen zwar noch Lebensvorgänge ab, jedoch nicht mehr in der Ordnung, die für ein längeres Leben der Zelle erforderlich wäre.

Seite 17 (Material)

Material A – Mikroskopisches Bild von Pflanzenzellen

A1 Ermittle die Anzahl der im mikroskopischen Bild zu erkennenden Zellen! Berücksichtige dabei auch die unvollständig abgebildeten Zellen!
Im Bild sind 15 Zellen zu sehen; davon sind 3 vollständig abgebildet.

A2 Nenne die Fachbezeichnungen für die mit Zahlen gekennzeichneten Bereiche und beschreibe jeweils ihre Funktionen!
1 = Zellkern: enthält die Erbsubstanz. In ihr liegen die Informationen, die bestimmen, wie die Prozesse des Stoffwechsels ablaufen sollen.
2 = Vakuole (Zellsaftraum): In ihr lagert die Zelle nicht weiter verwertbare Substanzen ab. Sie kann dort Gift-, Farb- oder Duftstoffe speichern.
3 = Chloroplasten: Orte der Fotosynthese; hier wird mithilfe von Licht aus Kohlenstoffdioxid und Wasser Zucker hergestellt.
4 = Zellwand: gibt der Zelle eine stabile Form.
5 = Zellplasma: ermöglicht mit den darin enthaltenen Zellbestandteilen, dass die Zelle die Lebensvorgänge ablaufen lassen kann.
Zusatzinformation: Die Rolle der Vakuole in osmotischen Vorgängen, die eine höhere Stabilität der Zelle und der gesamten Pflanze bewirken, können Schüler und Schülerinnen mit dem bisher erworbenen Wissen noch nicht darstellen.

A3 Beschreibe den Bereich einer Pflanzenzelle, in dem die Lebensvorgänge ablaufen!
Die Lebensvorgänge laufen im Bereich zwischen der Zellmembran und der Vakuolenmembran ab. Die hier im Zellplasma liegenden Substanzen sorgen mit ihren Wirkungen und ihrem Auf-, Ab- und Umbau dafür, dass die Zelle lebt.

Gestufte Hilfe: Beim gesuchten Zellbereich handelt es sich um das Zellplasma.

A4 Beschreibe die Stellen der Zelle, an denen Membranen liegen!
Membranen liegen:
- unterhalb der Zellwand; die Zellmembran hüllt die Zelle ein und grenzt das Zellplasma nach außen ab;
- am Rand der Vakuole; die Vakuolenmembran grenzt das Zellplasma zum Inneren der Zelle hin ab;

– als Hülle um den Zellkern, die Chloroplasten und die Mitochondrien.

Zusatzinformation: Die Mitochondrien sind im Bild nicht erkennbar.

Gestufte Hilfe: Die Membranen sind im lichtmikroskopischen Bild nicht zu sehen.

Material B – Farbige Pflanzenteile

B1 Stelle Vermutungen an, woran es liegt, dass die Paprika beziehungsweise die Zwiebel gefärbt sind!
Die Farbstoffe, die zur Färbung der beiden Pflanzenteile führen, könnten in der Vakuole liegen oder durch Chromoplasten hervorgerufen werden.
Zusatzinformation: Diese beiden Vermutungen haben die höchste Wahrscheinlichkeit. Denkbar sind auch farbige Zellwände oder ein gefärbtes Zellplasma.

B2 Begründe, welche der Vermutungen jeweils zutrifft! Werte dazu die mikroskopischen Bilder von Zellen der Paprika und der Zwiebel aus!
In den mikroskopischen Aufnahmen der Zellen erkennt man, dass die Zwiebel durch Farbstoffe in den Vakuolen ihrer Zellen gefärbt wird und die Paprika durch Chromoplasten im Zellplasma ihrer Zellen. Für die Richtigkeit anderer Vermutungen gibt es in den Abbildungen keine Hinweise.

B3 Den Zwiebelzellen fehlt ein bestimmter Typ von Zellbestandteilen, die für Pflanzenzellen typisch sind. Nenne diesen Zellbestandteil und erkläre, weshalb er in den Zellen der Zwiebel fehlt!
Die Zellen der Zwiebeln haben keine Chloroplasten. Diese Organellen könnten in der Zwiebel ihre Funktion nicht erfüllen. In den Chloroplasten läuft die Fotosynthese ab. Dazu ist Licht erforderlich. Die Zwiebel liegt aber im Boden, erhält also kein Licht. Chloroplasten in Zwiebelzellen wären daher nutzlos.

Gestufte Hilfe: Bedenke, dass die Zwiebel im Boden liegt.

Seite 20 (Methode: Herstellung eines mikroskopischen Präparates von Pflanzenzellen)

1 Führe die Präparation durch! Mikroskopiere das Präparat und zeichne zwei Zellen!

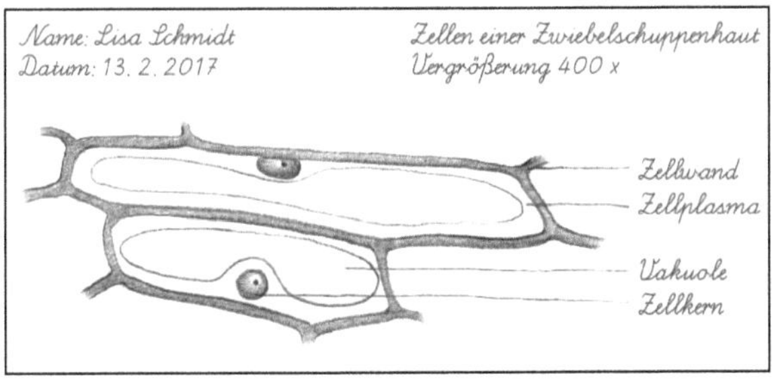

Zusatzinformation: In der Regel sind Hinweise darauf notwendig, dass Luftblasen im mikroskopischen Bild als Bereiche auftreten, die mit scharfen dunklen Linien eingefasst sind. Die Zellkerne liegen häufig in der Nähe der Zellwand. Sie sind besser erkennbar, wenn man stärker abblendet.

Tierzelle

Seite 21

1 Vergleiche den Bau einer Pflanzen- und einer Tierzelle miteinander!
In den meisten Fällen ist die Pflanzenzelle größer als die Tierzelle. Sowohl Pflanzen- als auch Tierzellen sind von einer Zellmembran eingehüllt. Bei der Pflanzenzelle liegt darüber aber zusätzlich noch die stabile Zellwand. Die Pflanzen- und auch die Tierzelle bestehen aus Zellplasma. Bei einer ausgewachsenen Pflanzenzelle ist das Zellplasma jedoch meistens auf den Randbereich, unmittelbar unter der Zellmembran begrenzt. Den größten Raum nimmt die Vakuole ein. Sie fehlt bei der Tierzelle. Eine Tierzelle enthält ebenso wie eine Pflanzenzelle Mitochondrien und einen Zellkern. Chloroplasten und Chromoplasten kommen nur in Zellen von Pflanzen vor.

Seite 22–23 (Material)

Versuch A – Herstellung eines mikroskopischen Präparats von Zellen der menschlichen Mundschleimhaut

A1 Mikroskopiere das Präparat!

Gestufte Hilfe: Nimm die Anweisungen auf den Seiten 18 und 19 zu Hilfe!

Zusatzinformation: Die Zellen der Mundschleimhaut sind in der Regel deutlicher sichtbar, wenn man stärker abblendet.

A2 Fertige eine beschriftete Zeichnung von drei bis fünf Zellen bei stärkster Vergrößerung an!

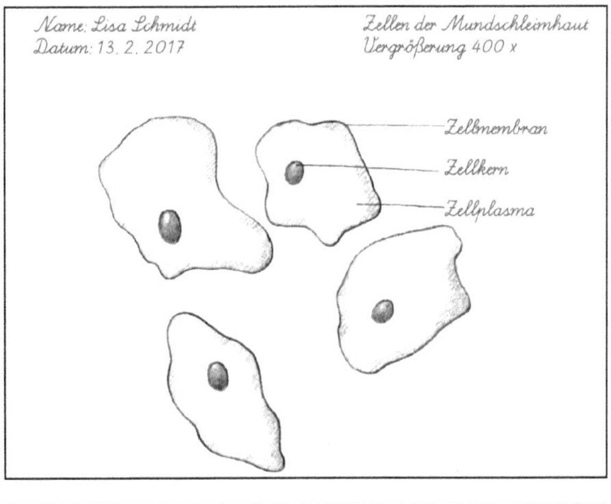

Versuch B – Färbung mikroskopischer Präparate

B1 Mikroskopiere das gefärbte Präparat bei stärkster Vergrößerung!

Gestufte Hilfe: Nimm die Anweisungen auf den Seiten 18 und 19 zu Hilfe!

Zusatzinformation: Manchmal ist es erforderlich, eine zu starke Färbung aufzuhellen, indem man Leitungswasser vom Rand des Deckgläschens aus durch das Objekt zieht.

B2 Fertige eine beschriftete Zeichnung von drei bis fünf Zellen an!
siehe Lösung A2

B3 Stelle ein mit Methylenblau gefärbtes Präparat von Zellen der Zwiebelschuppenhaut her und mikroskopiere es! Vergleiche dieses mit einem ungefärbten Präparat!
Im Vergleich zum ungefärbten Präparat von Zellen der Zwiebelschuppenhaut erscheinen in den mit Methylenblau gefärbten Zellen die Zellkerne und die Zellwände blau. Die übrigen Bereiche der Zelle sind hellblau. Manchmal ist die Vakuole als umgrenzter, nicht oder nur blass gefärbter Raum sichtbar.

Material C – Vergleich von Tier- und Pflanzenzellen

C1 Nenne die Fachbezeichnungen für die mit Zahlen gekennzeichneten Bereiche!
1 = Zellplasma, **2** = Vakuole, **3** = Chloroplast, **4** = Zellwand (mit Zellmembran), **5** = Zellmembran, **6** = Zellkern

Gestufte Hilfe: Fachbegriffe in ungeordneter Reihenfolge vorgeben.

C2 Ordne die mikroskopischen Aufnahmen von Zellen folgenden Bildunterschriften zu: „Zellen aus dem Blatt einer Wasserpest" oder „Zellen aus der Leber einer Maus"! Begründe die Zuordnung!
Die Abbildung A zeigt Zellen eines Blattes, die Abbildung B Zellen der Leber.
Begründung: In der Abbildung A sind typische Merkmale von Pflanzenzellen zu sehen, vor allem die Zellwand, die Chloroplasten und die Vakuole. Deshalb ist die Abbildung A der Bildunterschrift „Zellen aus dem Blatt einer Wasserpest" zuzuordnen. Den Zellen in der Abbildung B fehlen diese charakteristischen Merkmale der Pflanzenzelle. Daher ist die Abbildung B der Bildunterschrift „Zellen aus der Leber einer Maus" zuzuordnen.

Gestufte Hilfe: Zuordnung vorgeben.

C3 Vergleiche die beiden Zelltypen! Lege dazu eine Tabelle an! Berücksichtige darin die in den Abbildungen erkennbaren Zellbestandteile!

	Leberzelle	Blattzelle
Zellkern	+	+
Zellplasma	+	+
Zellwand	–	+
Blattgrünkorn	–	+
Vakuole	–	+
(Zellmembran)	+	+

+ = vorhanden; – = nicht vorhanden

Zusatzinformation: Die Zellmembran ist in der Abbildung nicht erkennbar, jedoch als Grenze des Zellplasmas erschließbar.

Gestufte Hilfen:
Hilfe 1: Vorgabe des Tabellenrasters.
Hilfe 2: Vorgabe der Bezeichnungen für die Zellorganellen.

C4 Nenne Bestandteile der Zellen, die in den Abbildungen nicht zu erkennen sind!
Nicht erkennbar in den Abbildungen sind die Mitochondrien. Die Membranen sind ebenfalls nicht sichtbar.
Zusatzinformation: Die Lage der Zellmembran lässt sich aus der Grenze des Zellplasmas erschließen; ebenso die Membranen, die den Zellkern und die Blattgrünkörner umhüllen.

C5 Erkläre, woher die beiden Zelltypen ihre Nährstoffe erhalten! Nenne den Ort in den Zellen, an dem die in den Nährstoffen enthaltene Energie freigesetzt wird!
Die *Zellen der Wasserpest* stellen ihre Nährstoffe selbst her. Das geschieht in den Blattgrünkörnern durch den Vorgang der Fotosynthese.
Die *Leberzellen* können ihre Nährstoffe nicht selbst produzieren, weil sie keine Blattgrünkörner haben. Sie nehmen ihre Nährstoffe über die Zellmembran aus der Umgebung auf. Das ist leichter möglich als bei Pflanzenzellen, weil die Zellen von Mensch und Tier keine Zellwand haben.
Die Zellbestandteile, in denen die in den Nährstoffen enthaltene Energie freigesetzt wird, sind die Mitochondrien.

Material D – Zuordnung von Tier- und Pflanzenzellen

D1 Ordne jede Abbildung entweder den Pflanzen oder den Tieren zu! Begründe jede Zuordnung!
Zu den Pflanzen gehören die Abbildungen A, C, D, F, I.
Zu den Tieren gehören die Abbildungen B, E, G, H.

Begründung:
A: Zellwand vorhanden

B: keine Zellwand, keine Vakuole, keine Blattgrünkörner vorhanden
C: Zellwand, Vakuole und Blattgrünkörner vorhanden
D: Zellwand, Vakuole und Blattgrünkörner vorhanden
E: keine Zellwand, keine Vakuole, keine Blattgrünkörner vorhanden
F: Zellwand und Vakuole vorhanden
G: keine Zellwand, keine Vakuole, keine Blattgrünkörner vorhanden
H: keine Zellwand, keine Vakuole, keine Blattgrünkörner vorhanden
I: Zellwand und ein Blattgrünkorn vorhanden
Zusatzinformation: Die bei I dargestellte Zelle hat nur ein Blattgrünkorn, allerdings ein sehr großes.

Gestufte Hilfe: Zuordnungen vorgeben.

D2 Die Abbildung A stellt eine tote Zelle dar. Nimm Stellung zu dieser Aussage!
In der Zelle ist kein Zellplasma vorhanden. Diese Aussage ist daher richtig, denn die Lebensvorgänge können nur im Zellplasma ablaufen.

D3 Nenne die Zellen, die vermutlich selbst keinen Zucker herstellen können! Begründe!
Zellen, die keine Blattgrünkörner enthalten, können keine Fotosynthese betreiben und daher auch keinen Zucker herstellen. Das sind alle Zellen, die von Tieren stammen (B, E, G, H) und die Pflanzenzellen A und F. Von den in Abbildung C dargestellten Zellen sind nur die kleinen, bohnenförmigen Zellen in der Lage, Fotosynthese zu betreiben.
Zusatzinformation: Bei den kleinen, bohnenförmigen Zellen in Abbildung C handelt es sich um Schließzellen einer Spaltöffnung.

Gestufte Hilfe: Überlege zunächst, in welchen Bestandteilen der Zellen Nährstoffe hergestellt werden können.

Pflanzen und Tiere wachsen

Seite 24–26

1 Beschreibe den Verlauf einer Zellteilung!
Vor Beginn der Zellteilung verdoppelt sich die Erbsubstanz, sodass neben dem Original eine Kopie entsteht.
In der ersten Phase der Zellteilung lösen sich die Membranen des Zellkerns auf.
In der zweiten Phase trennen sich Original und Kopie der Erbsubstanz voneinander. Das Original wandert zur einen Seite der Zelle, die Kopie zur gegenüberliegenden Seite. In den beiden gegenüberliegenden Bereichen der Zelle bilden sich jeweils neue Membranen um die Erbsubstanz, sodass je ein neuer Zellkern entsteht.
In der dritten Phase bilden sich zwischen den entstehenden Zellen neue Zellmembranen aus. Bei Pflanzenzellen entstehen in dieser Phase auch neue Zellwände zwischen den Zellen. Die neuen Zellmembranen trennen das Zellplasma der nun geteilten Zellen voneinander.

2 Beschreibe die Veränderungen der Pflanzenzelle während des Zellwachstums!
Unmittelbar nach der Zellteilung sind die beiden neuen Zellen etwa halb so groß wie die Zelle, aus der sie entstanden sind. Sie wachsen, indem neues Zellplasma gebildet wird. Auch die Zellmembran und die Zellwand werden größer. Gleichzeitig vergrößert sich die Vakuole sehr stark. Nach Ende des Zellwachstums liegt das Zellplasma nur noch in einem schmalen Bereich unmittelbar unter der Zellwand.

3 Erkläre, weshalb die Bezeichnung „Kernteilung“ ungünstig ist!
Die beiden neu entstehenden Zellkerne enthalten die gleiche Erbsubstanz. Das liegt daran, dass sich vor einer Zellteilung die Erbsubstanz verdoppelt und später je ein Exemplar der Erbsubstanz von einem neuen Zellkern umschlossen wird. Das Material eines Zellkerns wird also nicht auf zwei neue Kerne aufgeteilt, sondern der alte Zellkern wird verdoppelt, sodass zwei neue entstehen.

Gestufte Hilfe: Hinweis auf den Begriff „Teilung“.

4 Beschreibe, worin sich die Regeneration von der Zelldifferenzierung unterscheidet!
Die *Zelldifferenzierung* läuft vor allem während der Entwicklung der Lebewesen von der befruchteten Eizelle bis zum erwachsenen Stadium ab. Durch Differenzierung entstehen nach den Zellteilungen Zellen, die so gebaut sind, dass sie bestimmte Aufgaben erfüllen können.

Die *Regeneration* ist ein Vorgang, durch den vor allem bei erwachsenen Lebewesen alte, funktionsuntüchtige Zellen ersetzt werden. Das kann auch geschehen, wenn durch Verletzungen Zellen fehlen oder zerstört wurden.

Seite 27 (Material)

Material A – Stadien der Zellteilung

A1 Nenne die Fachbegriffe für die mit Zahlen gekennzeichneten Bereiche der Zelle!
1 = Zellmembran, **2** = Erbsubstanz, **3** = Zellplasma

A2 Ordne die Zellstadien in der richtigen Abfolge!
Die richtige Abfolge lautet: B – A – C

A3 Beschreibe die Vorgänge, die dem Stadium B vorausgingen!
Vor dem Stadium B wurde die Membran des Zellkerns aufgelöst. Außerdem hatte sich zu diesem Zeitpunkt die Erbsubstanz bereits verdoppelt.

A4 Die Abbildung C ist im Vergleich zu den beiden anderen nicht ganz richtig dargestellt. Beschreibe diesen Fehler!
Die beiden schon fast vollständig geteilten Plasmabereiche sind zu groß dargestellt. Die bei einer Zellteilung entstehenden Zellen sind in Wirklichkeit zunächst nur etwa halb so groß wie die Ursprungszelle.

Gestufte Hilfe: Beachte die Größe der dargestellten Zellen.

A5 Erkläre, weshalb der Biologe für seine Untersuchungen die Larven von Salamandern verwendete und nicht erwachsene Tiere!
Lebewesen wachsen, indem sie ihre Zellen vermehren. Das geschieht durch Zellteilungen. In jungen Lebewesen sind daher Zellteilungen viel häufiger als in erwachsenen. Die Larven von Salamandern sind Jugendformen. Die Larven nehmen im Laufe ihres Lebens an Größe zu und bilden sich um zu den erwachsenen Tieren. In den Larven teilen sich die Zellen daher viel häufiger als in den erwachsenen Salamandern. Daher sind sie für die Untersuchungen besser geeignet als erwachsene Tiere.

Gestufte Hilfen:
Hilfe 1: Larven sind Jugendstadien.
Hilfe 2: Jugendstadien wachsen stark.

Material B – Vermehrung durch Zellteilungen

B1 Übernimm das Schema in dein Heft und beschrifte es!

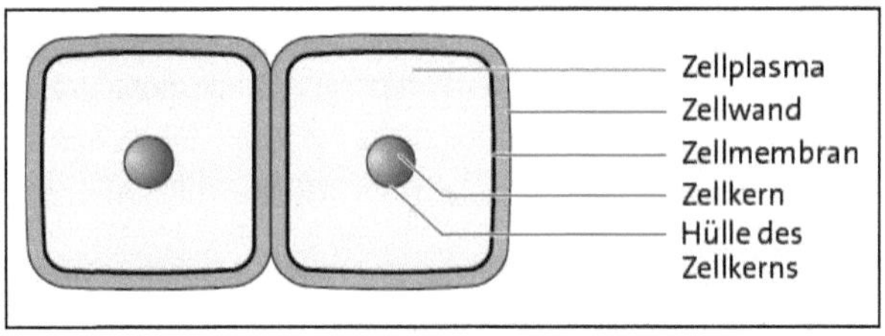

B2 Zeichne die Zellen, die entstehen, wenn sich von A nach B und von B nach C jede Zelle einmal horizontal teilt!
siehe Abbildung unten

Material C – Bruttblatt

C1 Nenne die Fachbegriffe für die Vorgänge, durch die die kleinen Tochterpflanzen aus den Blattrandzellen entstehen und wachsen!
Die kleinen Tochterpflanzen am Blattrand entstehen und wachsen durch Zellteilungen und Zelldifferenzierungen.

C2 Erkläre die Eigenschaften der Zellen des Blattrandes, die es ermöglichen, dass die kleinen Pflanzen entstehen!
Die Zellen am Blattrand müssen in der Lage sein, sich zu teilen. So können die vielen Zellen entstehen, aus denen die kleinen Pflänzchen bestehen.
Aus den Blattrandzellen müssen Zellen entstehen, die in der Lage sind, sich zu differenzieren. So ist dafür gesorgt, dass die Zellen der neu entstehenden Pflänzchen unterschiedlich und für verschiedene Aufgaben geeignet sind.

C3 Begründe, ob die Erbinformation in den Zellen der kleinen Tochterpflänzchen am Blattrand und die Erbinformation in den Zellen der Mutterpflanze identisch sind oder nicht!
Die kleinen Tochterpflänzchen am Blattrand haben dieselbe Erbinformation wie die Mutterpflanze.
Begründung: Die Tochterpflänzchen entstehen durch Zellteilungen aus den Blattzellen der Mutterpflanze. Die Erbsubstanz wird während der Zellteilung so verteilt, dass jede Tochterzelle dieselbe Erbinformation enthält. Daher haben alle Zellen der kleinen Tochterpflanzen dieselbe Erbinformation wie die Mutterpflanze.

Gestufte Hilfe: Stelle zunächst fest, durch welchen Vorgang die kleinen Pflanzen wachsen.

C4 Nenne den Fachbegriff für diese Art der Fortpflanzung!
Diese Art der Fortpflanzung wird als ungeschlechtliche Fortpflanzung bezeichnet.

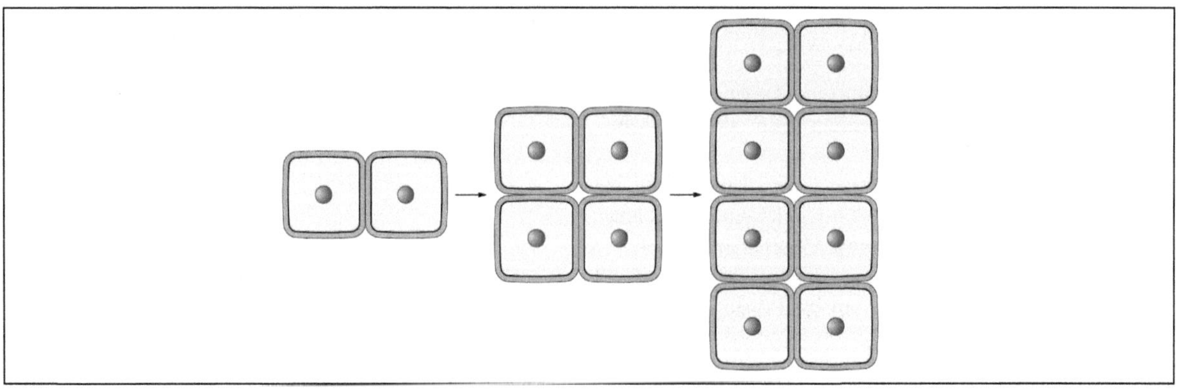

Von der Zelle zum Organismus

Seite 28–30

1 Vergleiche die Zellen B und C in der Abbildung 02 auf Seite 28!
Gemeinsamkeiten:
Beide Zellen haben eine Zellwand, ein Zellplasma und einen Zellkern.
Unterschiede:
Die Zellwand der Zelle B, aus dem Deckgewebe eines Blattes, ist dicker als die von Zelle C, einer Speicherzelle, und an der Außenseite der Zelle etwa doppelt so dick wie an den anderen Seiten. An der Außenseite der Zelle B befindet sich außerdem eine weitere Schicht.
In Zelle B befindet sich eine große Vakuole. Das Zellplasma mit dem Zellkern nimmt dadurch nur einen schmalen Bereich ein, der an die Zellwand anschließt. Zelle C besitzt keine Vakuole, das Zellplasma füllt das gesamte Zellinnere aus. Es enthält zahlreiche muschelartig aussehende Stärkekörner.

2 Beschreibe den Unterschied zwischen einem Gewebe und einem Organ!
Ein Gewebe ist ein Zellverband aus gleichartigen Zellen, die die gleiche Funktion haben. Ein Organ besteht dagegen aus verschiedenen Geweben, die räumlich eng zusammenliegen. Die unterschiedlichen Zelltypen dieser Gewebe erfüllen mit ihren Funktionen die Aufgaben eines Organs.

3 Beschreibe an einem Beispiel, was man unter Organisationsstufen versteht!
Die Zellen sind die Grundbausteine, aus denen ein Lebewesen besteht. Sie bilden die unterste Organisationsstufe. Gleichartig differenzierte Zellen bilden Zellverbände, die Gewebe. Diese stellen die zweite Organisationsstufe dar. So bilden beispielsweise Drüsenzellen im Magen ein Drüsengewebe, das den Magen auskleidet. Das Drüsengewebe ist nur ein Bestandteil des Magens. Er besteht außerdem aus Bindegewebe, Muskelgewebe, Nervengewebe und Blutgefäßen. Zusammen bilden diese Gewebe die dritte Organisationsstufe, das Organ Magen. An der Verdauung sind außer dem Magen noch weitere Organe wie zum Beispiel der Dünndarm beteiligt. Alle der Verdauung dienenden Organe bilden die vierte Organisationsstufe, das Verdauungssystem, ein Organsystem. Es bewältigt gemeinsam mit vielen anderen Organsystemen die Aufgaben eines vielzelligen Lebewesens, dem Organismus. Dieser bildet die fünfte Organisationsstufe.

Seite 31 (Material)

Material A – Gewebe bei Tieren

A1 Betrachte die abgebildeten Gewebe mit einer Lupe! Zeichne und beschrifte jeweils eine typische Zelle!

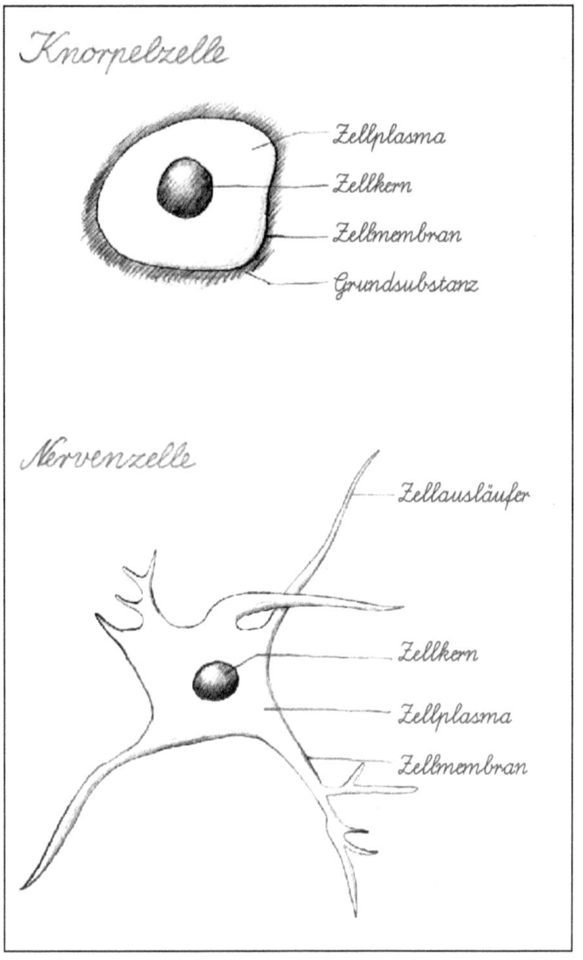

A2 Benenne die Gewebe mithilfe der gezeichneten Zellen! Begründe! Nimm Abbildung 01 und Seite 28 zu Hilfe!
Die Zellen der linken Abbildung haben abgerundete Ecken und einen großen Zellkern. Sie sind in einer Grundsubstanz eingebettet und gleichen der in Abbildung 01 abgebildeten Knorpelzelle. Das Gewebe der linken Abbildung ist also *Knorpelgewebe*.
Die Zellen der rechten Abbildung haben mehrere lange Zellausläufer, ähnlich der in Abbildung 01 abgebildeten Nervenzelle. Die Abbildung zeigt *Nervengewebe*.

A3 Vergleiche die gezeichneten Zellen mit einer Mundschleimhautzelle! Nimm Seite 21 zu Hilfe!
Gemeinsamkeiten:
Alle drei Zellen besitzen einen deutlich sichtbaren Zellkern, der ungefähr in der Mitte der Zelle liegt.
Unterschiede:
Die Form der Knorpelzelle ist rundlich, dreieckig oder oval, der Zellkern ist groß. Der Zellkörper der Mundschleimhautzellen ist dagegen etwas unregelmäßiger geformt und der Zellkern ist kleiner. Die Nervenzelle unterscheidet sich von diesen beiden Zellen deutlich durch ihren sternförmigen Zellkörper mit sehr langen Ausläufern.

Gestufte Hilfe: Nenne Gemeinsamkeiten und Unterschiede.

Material B – Organisationsstufen bei Pflanzen

B1 Ordne die Abbildungen A bis E nach ihrer Organisationsstufe und gib den Fachbegriff jeder Stufe an!
C = Zelle, **E** = Gewebe, **B** = Organ (Blatt), **D** = Organsystem (Blüte), **A** = Organismus (Pflanze)

Gestufte Hilfe: Vorgabe der Fachbegriffe in ungeordneter Reihenfolge.

B2 Benenne die in C und D mit Zahlen gekennzeichneten Bereiche!
Abbildung C:
1 = Zellkern, **2** = Zellwand, **3** = Zellplasma,
4 = Vakuole, **5** = Chloroplast

Abbildung D:
1 = Kronblatt, **2** = Staubblatt (Staubbeutel),
3 = Fruchtknoten

Gestufte Hilfe: Vorgabe der Fachbegriffe in ungeordneter Reihenfolge.

B3 Nenne die Aufgaben der in B und D abgebildeten Pflanzenteile!
Abbildung B:
Laubblätter haben die Aufgabe, mithilfe der Fotosynthese Nährstoffe zu bilden.
Abbildung D:
Blüten dienen der geschlechtlichen Fortpflanzung von Pflanzen.

Material C – Geschichte der Zellbiologie

C1 Informiere dich im Internet darüber, was die abgebildeten Forscher zur Erforschung von Zellen beigetragen haben! Stelle deine Ergebnisse in einer Tabelle zusammen, in die du jeweils den Namen und die Lebenszeit sowie den Zeitpunkt und die Art der neuen Erkenntnisse einträgst!

Name	Lebenszeit	Zeitpunkt	Neue Erkenntnisse
Robert Hooke	1635–1703	1665	Prägte den Begriff „Zelle“ (lateinisch = cellula, Kämmerchen), nachdem er beim Mikroskopieren von Flaschenkork kleine Kammern gesehen hatte, die ihn an die Kammern von Bienenwaben erinnerten.
Antoni van Leeuwenhoek	1632–1723	1674–1682	Entdeckte mit selbst gebauten Mikroskopen, die bis zu 250fach vergrößern konnten, Bakterien im Zahnbelag, Spermienzellen, rote Blutzellen und einzellige Lebewesen im Teichwasser.
Matthias Schleiden	1804–1881	1838	Fand heraus, dass alle Pflanzen aus Zellen aufgebaut sind.
Theodor Schwann	1810–1882	1839	Fand heraus, dass alle Tiere aus Zellen aufgebaut sind. Er schloss daraus, dass die Zelle die Grundlage aller Lebewesen darstellt.
Rudolf Virchow	1821–1902	1855	Fand heraus, dass Zellen nur aus Zellen entstehen können („omnis cellula e cellula“).

2 Stoffwechsel

Fotosynthese

Seite 32–34

1 Beschreibe den Vorgang der Fotosynthese!
Bei der Fotosynthese wird aus den energiearmen Substanzen Kohlenstoffdioxid und Wasser die energiereiche Substanz Glukose hergestellt. Dabei entsteht Sauerstoff. Licht liefert die für die Fotosynthese notwendige Energie.

2 Erkläre, weshalb es vorteilhaft für die Pflanze ist, dass das Palisadengewebe im oberen Blattbereich liegt!
Das Palisadengewebe besteht aus Zellen, die viele Chloroplasten enthalten. In diesem Gewebe findet der Hauptanteil der Fotosynthese statt. Für die Fotosynthese ist Sonnenlicht notwendig. Wenn das Palisadengewebe im oberen Blattbereich liegt, ist es dem Sonnenlicht zugewandt, sodass das Licht direkt auf das Palisadengewebe trifft und nicht erst das gesamte Blatt durchdringen muss. Die Zellen des Palisadengewebes erhalten so besonders viel Licht, das sie für die Fotosynthese nutzen können.

Seite 35–37 (Material)

Material A – Entdeckung der Fotosynthese

A1 Beschreibe das Versuchsergebnis!
Bei einem Ausgangsgewicht von 2,5 Kilogramm wog die Weide nach fünf Jahren 84,5 Kilogramm. VAN HELMONT stellte somit fest, dass die herangewachsene Weide in fünf Jahren 82 Kilogramm an Masse zugenommen hatte. Die Masse der Erde, in die das Weidenbäumchen eingepflanzt war, nahm um 60 Gramm ab.

A2 Stelle Vermutungen an, weshalb die Erde mit einer Metallplatte abgedeckt wurde!
Durch die Abdeckung der Erde mit einer Metallplatte konnte VAN HELMONT verhindern, dass Erde oder ein anderes Material hinzukam oder abgetragen wurde.

Mögliche weitere Vermutungen können sein: Die Metallplatte verhindert das Umkippen des Blumenkübels. Die Metallplatte verhindert, dass Insekten oder andere Tiere in die Erde eindringen.

A3 Werte das Versuchsergebnis so aus, wie es auch VAN HELMONT vermutlich getan hat!
Die Weide wurde während der fünf Jahre lediglich mit Regenwasser begossen, die Masse der Erde nahm kaum ab. VAN HELMONT schloss vermutlich aus seinem Experiment, dass Pflanzen außer einer geringen Menge an Stoffen, die sie aus dem Boden beziehen, für ihr Wachstum nur ausreichend Wasser benötigen.

A4 Erkläre das Versuchsergebnis auf Grundlage heutiger Erkenntnisse!
VAN HELMONT konnte nicht wissen, dass die Fotosynthese Grundlage für das Wachstum der Weide ist. Deshalb sind für das Wachstum nicht nur Wasser und Mineralstoffe ausreichend. Heute wissen Biologen, dass Pflanzen neben dem Wasser aus dem Boden Kohlenstoffdioxid aus der Luft entnehmen und mithilfe des Lichts beides in Glukose und Sauerstoff umwandeln.

Gestufte Hilfe: Angabe der Wortgleichung der Fotosynthese.

Material B – Nachweis der Stärkebildung

B1 Beschreibe den Unterschied zwischen den Zellen der weißen und der grünen Bereiche der im Versuch verwendeten Laubblätter!
Die Zellen der grünen Bereiche haben Chloroplasten. In den Zellen der weißen Bereiche fehlen die Chloroplasten.

B2 Ordne folgende Vorgänge den drei Abbildungen zu: Entfärben, Nachweis von Stärke, Abtöten von Zellen!
A = Abtöten von Zellen
B = Entfärben
C = Nachweis von Stärke

B3 Erkläre das Versuchsergebnis!
Die Grünfärbung der Laubblätter in den grünen Blattbereichen grün-weißer Blätter wird durch den Farbstoff Chlorophyll verursacht, der in den Chloroplasten enthalten ist. Nur in den Chloroplasten findet die Fotosynthese statt. Sie liefert die Glukosebausteine, aus denen die Pflanze den Vielfachzucker Stärke herstellt.
In den hellen Blattbereichen, die frei von Chlorophyll sind, kann daher keine Stärke gebildet werden. Daher färben sich die weißen Bereiche des Blattes nicht dunkelblau.

Gestufte Hilfen:
Hilfe 1: Die Fotosynthese findet in den Chloroplasten statt.
Hilfe 2: Das in den Chloroplasten enthaltene Chlorophyll färbt Blattbereiche grün.

B4 Erkläre, weshalb die Pflanze vor dem Stärkenachweis belichtet wurde!
Erst durch die Belichtung wird die Fotosynthese möglich und damit auch die Bildung von Stärke. Wenn die Pflanze vor dem Versuch nicht belichtet worden wäre, hätte sie keine Stärke bilden können. Mit dem Versuch hätte man dann nicht nachweisen können, dass nur die grünen Blattbereiche zur Fotosynthese fähig sind.

B5 Stelle eine Vermutung an, weshalb die Pflanze zu Beginn des Versuchs im Dunkeln gehalten wurde!
Die Dunkelhaltung ist erforderlich, weil Stärke auch außerhalb der Chloroplasten im Laubblatt, zum Beispiel in den hellen Blattbereichen, gespeichert wird. Diese Speicherstärke liegt also nicht an der Stelle, an der sie gebildet wurde. Während der Dunkelheit baut die Pflanze die Stärke ab und verwendet sie als Nährstoff.
Durch die Dunkelhaltung im Experiment wird gewährleistet, dass mit der Blaufärbung tatsächlich nur die Orte der Stärkebildung nachgewiesen werden und nicht auch andere Orte, an denen Stärke nur gespeichert wird.

Gestufte Hilfe: Überlege, welche Fehler auftreten könnten, wenn man die Pflanze nicht im Dunkeln halten würde.

Material C – Fotosynthese und Licht

C1 Stelle die Werte in der Tabelle als Liniendiagramm dar!

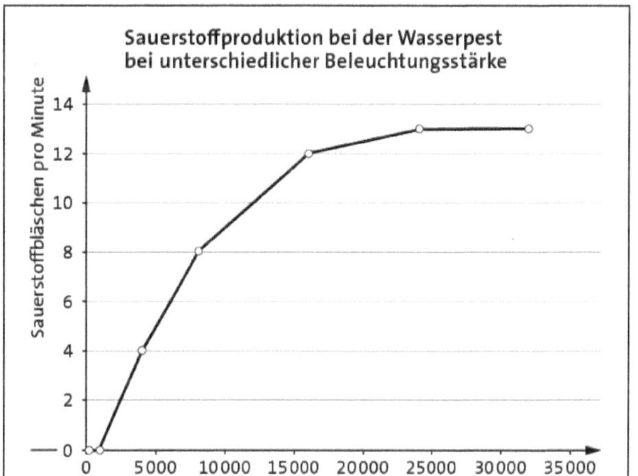

Gestufte Hilfe: Vorgabe der Achsenbeschriftung.

C2 Beschreibe das Liniendiagramm und den Kurvenverlauf!
In dem Diagramm ist dargestellt, wie viele Sauerstoffbläschen pro Minute bei verschiedener Beleuchtungsstärke entstehen. Die Hochachse gibt die Sauerstoffbläschen pro Minute an, die Rechtsachse die Beleuchtungsstärke in Lux. Bis zu einer Beleuchtungsstärke von

1 000 lux können keine Sauerstoffbläschen pro Minute gezählt werden. Ab 1 000 lux steigt die Anzahl der gemessenen Sauerstoffbläschen pro Minute mit zunehmender Beleuchtungsstärke stark an. Ab 10 000 lux wird die Kurve flacher. Bei Beleuchtungsstärken von mehr als 24 000 lux wird keine weitere Änderung der Anzahl der Sauerstoffbläschen pro Minute festgestellt. Es bleibt bei etwa 13 Sauerstoffbläschen pro Minute.
Zusatzinformation: Die dargestellte Kurve entspricht einer Sättigungskurve. Ab 24 000 lux erreicht die Anzahl der Sauerstoffbläschen pro Minute den Sättigungswert.

C3 Werte das Versuchsergebnis aus!
Die Anzahl der Sauerstoffbläschen stellt ein Maß für die Fotosyntheserate dar. Mit zunehmender Beleuchtungsstärke nimmt die Anzahl der gebildeten Sauerstoffbläschen zu, die Fotosynthese wird stärker und die Fotosyntheserate steigt. Die Beleuchtungsstärke von 1000 lux ist für die Wasserpest so gering, dass pro Minute keine Sauerstoffbläschen gebildet werden können, die Fotosynthese kann nicht mehr ablaufen und die Fotosyntheserate ist daher Null. Erhöht man die Beleuchtungsstärke, erhält die Pflanze genug Lichtenergie für ihre Fotosynthese und es wird Sauerstoff produziert. Daraus darf man schließen, dass auch Glukose produziert wird. Die Fotosyntheserate nimmt mit steigender Beleuchtungsstärke immer mehr zu, bis sie ab einem Wert von 24 000 lux nicht weiter erhöht werden kann. Mehr Licht kann die Pflanze nicht verwerten.

C4 Zwischen der Lampe und dem Reagenzglas wurde im Experiment ein Hitzefilter aufgestellt, der die Lichtstärke kaum abschwächt. Erkläre, weshalb dies erforderlich ist!
Ein Hitzefilter verhindert, dass sich durch die Wärme, die von der Lampe abgestrahlt wird, die Wassertemperatur im Reagenzglas erhöht. Da die Temperatur ebenfalls einen Einfluss auf die Fotosynthese hat, ist es ohne Hitzefilter nicht möglich zu entscheiden, ob die Änderung der Fotosyntheserate durch das Licht oder die Wärme zustande kommt.

Gestufte Hilfen:
Hilfe 1: Überlege, welche Folgen es hätte, wenn man keinen Hitzefilter benutzen würde.
Hilfe 2: Überlege, welchen Einfluss die Temperatur auf die Fotosynthese hat.

Material D – Fotosynthese und Temperatur

D1 Beschreibe das Liniendiagramm und den Kurvenverlauf!
In dem Liniendiagramm wird dargestellt, wie sich die Fotosyntheserate bei Erhöhung der Temperatur ändert. Die Kurve beginnt bei 0 °C. Mit steigender Temperatur nimmt die Fotosyntheserate zu, bis bei etwa 38 °C die höchste Fotosyntheserate zu verzeichnen ist. Die Kurve fällt anschließend wieder ab, bis bei einer Temperatur von fast 60 °C die Fotosyntheserate Null ist.
Zusatzinformation: Die dargestellte Kurve entspricht einer Optimum- oder Maximumkurve.

D2 Werte das Versuchsergebnis aus!
Es gibt eine Temperatur, bei der die Fotosyntheserate optimal ist. In diesem Versuch ist dies bei 35 °C der Fall. Hier wird am meisten Glukose und Sauerstoff produziert. Bei niedrigeren oder höheren Temperaturen ist die Fotosyntheserate geringer, bis bei einer Temperatur von 0 °C beziehungsweise fast 60 °C die Pflanze keine Fotosynthese mehr betreibt.

D3 Nenne eine weitere Möglichkeit, was gemessen werden könnte, um die Fotosyntheserate zu bestimmen! Begründe diese Entscheidung!
Man könnte auch messen, wieviel Glukose oder Stärke gebildet wurde. Auch die Messung des Verbrauchs an Wasser und Kohlenstoffdioxid ist geeignet.
Begründung: Diese Möglichkeiten ergeben sich aus der Wortgleichung der Fotosynthese. Aus ihr kann man entnehmen, welche Stoffe in der Fotosynthese verbraucht und welche gebildet werden.

Zusatzinformation: Am gebräuchlichsten ist der Nachweis der Stärke- und Sauerstoffproduktion.

Material E – Fotosynthese und Kohlenstoffdioxid

E1 Formuliere die Frage, die durch den Versuch beantwortet werden soll!
Welchen Einfluss hat der Kohlenstoffdioxidgehalt im Wasser auf die Fotosyntheserate?

E2 Beschreibe die zu erwartenden Versuchsergebnisse bei den Teilversuchen A, B und C!
Im Becherglas A werden Sauerstoffbläschen von der Pflanze abgesondert. Im Becherglas B dagegen werden nur sehr wenige oder keine Sauerstoffbläschen abgesondert. Die meisten Sauerstoffbläschen werden im Becherglas C gezählt.

E3 Erkläre die erwarteten Versuchsergebnisse A–D!
Im Becherglas A findet Fotosynthese statt, und daher werden Sauerstoffbläschen von der Pflanze abgesondert. Im Becherglas B dagegen werden nur sehr wenige oder keine Sauerstoffbläschen abgesondert, da bei geringem oder fehlendem Angebot an Kohlenstoffdioxid die Fotosynthese nur langsam oder gar nicht ablaufen kann. Die meisten Sauerstoffbläschen werden im Becherglas C gezählt. Das Wasser enthält im Vergleich zu Becherglas A mehr Kohlenstoffdioxid, sodass die Fotosyntheserate erhöht ist.

E4 Erkläre das Versuchsergebnis in Teilversuch D!
Im Becherglas D werden keine Sauerstoffbläschen gezählt. Obwohl das Wasser kohlenstoffdioxidreich ist, bildet die Pflanze keinen Sauerstoff, da die Pflanze ohne Licht keine Fotosynthese betreiben kann.

E5 Erläutere, worauf man achten muss, um Fehler in der Versuchsdurchführung zu vermeiden!
Mit Ausnahme des Kohlenstoffdioxidgehalts sollten für jeden Teilversuch alle Ausgangsbedingungen gleich sein. So müssen die Anzahl sowie die Länge der Sprossachsen und damit die Anzahl der Laubblätter der *Wasserpest* in jedem Becherglas etwa gleich sein. Jedes Becherglas mit Ausnahme von Teilversuch D wird mit der gleichen Lichtintensität bestrahlt. Ebenso sollte die Menge und die Temperatur des Wassers in allen Bechergläsern die gleiche sein. Nur so sind die Ergebnisse vergleichbar.

Material F – Messung der Glukosemenge

F1 Stelle das Versuchsergebnis in einem Liniendiagramm grafisch dar!

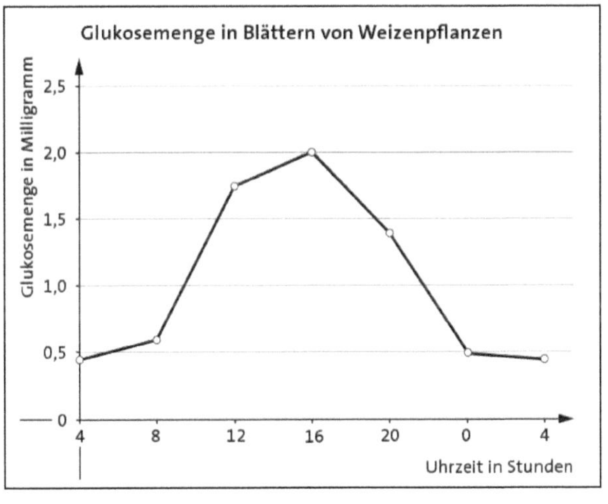

Gestufte Hilfen:
Hilfe 1: Vorgabe der Achsenbeschriftung
Hilfe 2: Vorgabe der Achsenskalierung (x-Achse: 1 cm = 0,5 mg Glukose; y-Achse: 1,5 cm = 8 h)

F2 Beschreibe den Kurvenverlauf!
In dem Liniendiagramm wird dargestellt, wie sich die Glukosemenge pro Stunde mit der Tageszeit ändert. In den frühen Morgenstunden ist die gemessene Glukosemenge pro Stunde gering, nimmt aber im Tagesverlauf zu. Um 16 Uhr ist der Maximalwert von 2 Milligramm Glukose pro Stunde erreicht. Danach nimmt die Glukosemenge pro Stunde wieder bis zum Minimalwert von 0,45 Milligramm ab.
Zusatzinformation: Der Kurvenverlauf entspricht einer sogenannten Maximum- oder Optimumskurve. Nicht berücksichtigt ist bei diesem Experiment der Verbrauch der Glukose durch die Zellatmung.

F3 Gib an, welche Konzentration jeweils bei 10 Uhr und 14 Uhr zu erwarten ist!
Bei 10 Uhr ist eine Glukosemenge von etwa 1,25 Milligramm zu erwarten, um 14 Uhr eine Glukosemenge von etwa 1,8 Milligramm.

F4 Erkläre die zeitlichen Schwankungen der Glukosemenge im Tagesverlauf!
Je stärker die Fotosynthese abläuft, desto höher ist die gebildete Glukosemenge. Die Fotosyntheserate hängt von mehreren Faktoren ab. Von besonderer Bedeutung ist vor allem das Sonnenlicht. Es nimmt vormittags bis zu seinem höchsten Wert am Mittag zu und am Nachmittag wieder ab. Ähnlich ändert sich die Lufttemperatur im Verlauf eines Tages. Der gemessene Verlauf der Glukoseproduktion kann daher wahrscheinlich durch die tageszeitliche Schwankung von Licht und zum Teil durch Temperatur erklärt werden. Die Werte zeigen, dass die höchste Glukosemenge etwas später als zur Zeit der stärksten Sonnenbestrahlung gemessen wird. Dass lässt sich dadurch erklären, dass die Pflanze für die Glukosebildung Zeit braucht.

Material G – Zuckerrüben

G1 Ermittle, wie viel Glukose die Pflanze pro Stunde in den beiden Zeiträumen produziert hat!
$3\,284\ cm^2 = 0{,}3284\ m^2$ bzw. $6\,567\ cm^2 = 0{,}6567\ m^2$.
Pro m^2 Fläche produziert die Pflanze in einer Stunde 1 g Glukose.
Das bedeutet, dass bei einer Fläche von $0{,}3284\ m^2$ die Pflanze 0,3284 g (= ca. 328 mg) Glukose pro Stunde produziert.
Bei einer Fläche von $6\,567\ cm^2$ produziert sie etwa 0,6567 g (= ca. 656 mg) Glukose pro Stunde.

Gestufte Hilfen:
Hilfe 1: Rechne zunächst die Angaben von cm^2 in m^2 um.
Hilfe 2: Multipliziere den in m^2 angegebenen Wert der Blattfläche mit dem Wert für die Bildung von Glukose pro m^2.

Zusatzinformation: In der Rechnung wurde der Verbrauch von Glukose durch Zellatmung nicht berücksichtigt.

G2 Stelle Vermutungen an, welche Unterschiede in den Bedingungen für die Fotosynthese dazu führen können, dass die bei G1 berechneten Durchschnittswerte von der tatsächlichen Fotosyntheserate in den beiden Zeiträumen abweichen!
In den beiden Zeiträumen Mai bis August und September bis Oktober können sowohl die Lufttemperatur als auch die Stärke und Dauer der Belichtung durch die Sonne unterschiedlich sein. Da die bei G1 berechneten Werte Mittelwerte sind, können diese von der tatsächlichen Fotosyntheserate abweichen.

Eventuell könnten die Zellen auch im ersten Zeitraum noch nicht so viele Chloroplasten oder Chlorophyll enthalten wie später im Jahr im August und September.

Gestufte Hilfe: Licht, Temperatur und Kohlenstoffdioxid beeinflussen die Fotosyntheserate.

Zellatmung

Seite 38–40

1 Erläutere die Bedeutung der Zellatmung für Lebewesen!

Die Zellatmung liefert den Lebewesen die Energie, die sie für ihre Lebensprozesse benötigen. Das gilt für Pflanzen und Tiere. Nur durch die Zellatmung können die Lebewesen die in den Nährstoffen enthaltene Energie nutzen.
Pflanzen benötigen die durch die Zellatmung freiwerdende Energie zum Beispiel für die Neubildung von Zellen, während die Blätter im Frühjahr austreiben.
Der Mensch und die Tiere benötigen die freigesetzte Energie für alle Lebensvorgänge, zum Beispiel für Muskelbewegungen und Denkvorgänge. Die freigesetzte Energie, die als Wärme nach außen abgegeben wird, nutzen Vögel und Säugetiere zur Aufrechterhaltung ihrer Körpertemperatur.
Wenn die Zellatmung nicht möglich ist, sterben Pflanzen und Tiere.

Seite 40 (Im Blickpunkt Physik: Energie)

1 Beschreibe die Energieumwandlungen an zwei Beispielen der Abbildung 05!

A: Das Känguru setzt chemische Energie in Bewegungsenergie um.
B: Das Glühwürmchen wandelt chemische Energie in Lichtenergie um.
C: Das Auto setzt chemische Energie in Bewegungsenergie um.
D: Die Kerze wandelt chemische Energie in Lichtenergie um.
E: Der Ventilator setzt elektrische Energie in Bewegungsenergie um.
F: Die Solarzelle wandelt Lichtenergie in elektrische Energie um.

Seite 41 (Material)

Material A – Keimende Erbsen

A1 Stelle das Versuchsergebnis in einem Liniendiagramm dar!

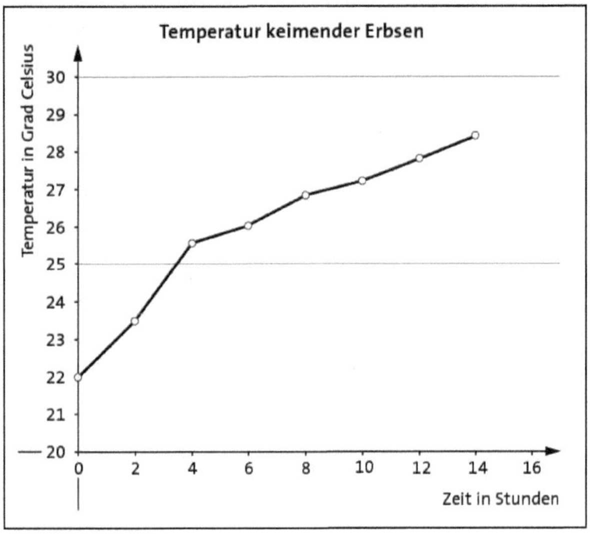

Gestufte Hilfe: Vorgabe der Achsenbeschriftung.

A2 Beschreibe das Liniendiagramm und den Kurvenverlauf!

In dem Diagramm ist dargestellt, wie viel Wärme die Pflanze während der Keimung freisetzt. Die Ausgangstemperatur liegt bei 22 °C. Während des Keimungsprozesses steigt die Temperatur an. Nach 14 Stunden kann ein Temperaturanstieg von etwa 6 °C beobachtet werden.

A3 Formuliere eine Frage, die durch den Versuch beantwortet werden soll!

Folgende Fragen könnten formuliert werden:
Wird bei den Keimungsvorgängen Wärme frei?
Wie hoch steigt die Temperatur durch die bei der Keimung freigesetzte Wärme?
Wie hoch steigt die Temperatur durch den Abbau von Nährstoffen während der Keimung?

A4 Werte das Versuchsergebnis aus!

Als Keimung bezeichnet man alle Wachstums- und Entwicklungsvorgänge einer Pflanze von der Quellung bis zum Ergrünen der ersten Laubblätter. Diese Vorgänge benötigen Energie. Die keimende Pflanze erhält diese Energie aus den Nährstoffen, die im Samen gespeichert sind. Die Nährstoffe werden in der Zellatmung abgebaut. Dadurch wird Energie frei. Ein Teil der freiwerdenden Energie tritt als Wärme auf. Diese Wärme kann im Experiment am Thermometer abgelesen werden.

Gestufte Hilfe: Bei der Keimung werden gespeicherte Nährstoffe durch die Zellatmung abgebaut.

Stelle Vermutungen an, weshalb bereits gequollene Erbsen verwendet wurden!
Der erste Vorgang der Keimung ist die Quellung des Samens. Der Samen nimmt dabei viel Wasser auf. Wenn man bereits gequollene Erbsen verwendet, benötigt der Versuch weniger Zeit.

Material B – Kohlenstoffdioxid

B1 Ordne folgende Beschreibungen des Kohlenstoffdioxidgehalts der ausströmenden Luft den Abbildungen zu: „höher als in der einströmenden Luft", „etwa gleich wie in der einströmenden Luft", „geringer als in der einströmenden Luft"!
In *Abbildung A* ist der Kohlenstoffdioxidgehalt der ausströmenden Luft etwa gleich wie in der einströmenden Luft.
In *Abbildung B* ist der Kohlenstoffdioxidgehalt der ausströmenden Luft geringer als in der einströmenden Luft.
In *Abbildung C* ist der Kohlenstoffdioxidgehalt der ausströmenden Luft höher als in der einströmenden Luft.

B2 Erkläre für jede Abbildung, wie es zu dem Kohlenstoffdioxidgehalt in der Kammer und in der ausströmenden Luft kommt!
Abbildung A: Bei Sonnenaufgang beginnt die Pflanze, Fotosynthese zu betreiben. Bei diesen Lichtverhältnissen läuft die Fotosynthese noch schwach ab. Die Pflanze verbraucht etwa so viel Kohlenstoffdioxid wie die Zellatmung liefert. Der Kohlenstoffdioxidgehalt der ausströmenden und einströmenden Luft ist daher etwa gleich.
Abbildung B: Um die Mittagszeit läuft die Fotosynthese stärker ab als am frühen Morgen. Die Pflanze stellt aus dem Kohlenstoffdioxid der Luft und Wasser Glukose her. Dadurch nimmt der Kohlenstoffdioxidgehalt in der Kammer ab. Gleichzeitig läuft aber auch die Zellatmung ab, die Kohlenstoffdioxid liefert. Weil die Fotosynthese bei Tag stärker abläuft als die Zellatmung sinkt der Kohlenstoffdioxidgehalt in der Kammer.
Abbildung C: In der Nacht stellt die Pflanze aufgrund des fehlenden Sonnenlichts ihre Fotosyntheseaktivität ein. Sie betreibt ausschließlich Zellatmung. Durch das dabei gebildete Kohlenstoffdioxid steigt der Kohlenstoffdioxidgehalt in der Kammer an.

Gestufte Hilfe: Bedenke, dass die Fotosynthese nur bei Tag und die Zellatmung bei Tag und Nacht abläuft.

B3 Pflanzen zehren nachts von den Nährstoffen, die sie tagsüber gebildet haben. Stelle eine Vermutung an, wie sie dennoch wachsen können!
Nicht alle Nährstoffe, die die Laubblätter des Baums am Tag mithilfe der Fotosynthese hergestellt haben, werden nachts verbraucht. Den Rest der Nährstoffe speichert die Pflanze. Diese Nährstoffe können zum Wachstum verwendet werden.

B4 Beschreibe die Versuchsergebnisse, wenn statt Kohlenstoffdioxid Sauerstoff gemessen wird!
Die Versuche werden folgende Ergebnisse liefern:
In *Abbildung A* ist der Sauerstoffgehalt der ausströmenden Luft etwa gleich wie in der einströmenden Luft.
In *Abbildung B* ist der Sauerstoffgehalt der ausströmenden Luft höher als in der einströmenden Luft.
In *Abbildung C* ist der Sauerstoffgehalt der ausströmenden Luft geringer als in der einströmenden Luft.
Zusatzinformation: Die Ergebnisse bei B und C sind entgegengesetzt zur Messung des Kohlenstoffdioxidgehalts, weil Sauerstoff in der Fotosynthese freigesetzt und in der Zellatmung verbraucht wird.

Pflanzen und Tiere sind aufeinander angewiesen

Seite 42–44

1 Beschreibe am Beispiel des Flaschengartens, wie Pflanzen und Tiere aufeinander angewiesen sind!
Die Pflanzen im Flaschengarten betreiben Fotosynthese und bilden aus den energiearmen Stoffen Kohlenstoffdioxid und Wasser die energiereiche Glukose. Dabei wird Sauerstoff freigesetzt. Die Heuschrecken nehmen den Sauerstoff auf. Mithilfe von Sauerstoff wird in der Zellatmung energiereiche Glukose in die energiearmen Stoffe Kohlenstoffdioxid und Wasser umgewandelt und freigesetzt. Kohlenstoffdioxid steht nun den Pflanzen wieder zur Verfügung. Die Pflanzen verwenden also das Kohlenstoffdioxid, das die Heuschrecken abgeben, für ihre Fotosynthese und die Heuschrecken nutzen den Sauerstoff aus der Fotosynthese für ihre Zellatmung.

2 Erkläre, weshalb drei Versuchsansätze erforderlich waren, damit PRIESTLEY zu seinen Erkenntnissen kam!
Der erste Versuch weist nach, dass ein Tier ohne Zufuhr frischer Luft nicht leben kann. Die Luft wird durch die Maus schlechter.
Der zweite Versuch zeigt, dass die von PRIESTLEY vermutete Verschlechterung der Luft nicht eintritt, wenn das Lebewesen unter der Glasglocke eine Pflanze ist. Daraus darf man aber nicht schließen, dass die Pflanze die Luft verbessert hat. Es könnte auch sein, dass sie nur von der Verschlechterung nicht betroffen ist.
Erst aus dem dritten Versuch konnte PRIESTLEY schließen, dass eine Pflanze die Luft so verändert, dass die Verschlechterung der Luft durch ein Tier nicht eintritt oder aufgehoben wird. Erst durch diesen Versuch konnte er nachweisen, dass die Luft durch die Pflanze für das Tier so weit verbessert wird, dass es unter der Glasglocke überlebt

Seite 45 (Material)

Material A – Wechselbeziehungen

A1 Begründe für jedes Aquarium, wie sich der Gehalt an Kohlenstoffdioxid und Sauerstoff ändert!
Im *Aquarium A* befinden sich Fische, aber keine Pflanzen. Das Aquarium wird belichtet. Die Fische verbrauchen durch ihre Zellatmung den Sauerstoff des Wassers und atmen dabei Kohlenstoffdioxid aus. Der Gehalt an Kohlenstoffdioxid steigt und der an Sauerstoff sinkt.

Aquarium B ist gleich ausgestattet wie Aquarium A, nur die Belichtung fehlt. Der Gehalt an Kohlenstoffdioxid nimmt aufgrund der Zellatmung der Fische zu, der Gehalt an Sauerstoff nimmt aus demselben Grund ab. Das fehlende Licht hat keine Auswirkung auf die Zellatmung.

Aquarium C enthält Fische und Pflanzen. Das Aquarium wird belichtet. Die Pflanzen betreiben mithilfe des Lichts Fotosynthese und geben dabei Sauerstoff ab. Der freigesetzte Sauerstoff kann nun von den Fischen aufgenommen werden. Diese geben während der Zellatmung Kohlenstoffdioxid ab. Der Gehalt an Kohlenstoffdioxid und an Sauerstoff bleibt somit ungefähr gleich. Beide Lebewesen können für längere Zeit überleben.

Aquarium D enthält wie Aquarium C Fische und Pflanzen, nur ist kein Licht vorhanden. Ohne Licht können die Pflanzen keine Fotosynthese betreiben. Sie geben also keinen Sauerstoff ab und nehmen kein Kohlenstoffdioxid auf. Durch die Zellatmung der Fische nimmt der Gehalt an Sauerstoff ab und der Gehalt an Kohlenstoffdioxid steigt.
Die Änderung des Gehalts beider Gase entspricht dem vom Aquarium A und B.

Gestufte Hilfen:
Hilfe 1: Nimm die Wortgleichungen der Fotosynthese und der Zellatmung zur Hilfe.
Hilfe 2: In der Fotosynthese wird Sauerstoff gebildet und Kohlenstoffdioxid verbraucht. In der Zellatmung wird Kohlenstoffdioxid gebildet und Sauerstoff verbraucht.

A2 Erkläre, unter welchen Bedingungen offene Aquarien mit Sauerstoff versorgt werden müssen!
In der Regel enthält ein Aquarium Fische und Pflanzen. Die Pflanzen betreiben am Tag Fotosynthese und stellen Sauerstoff her. Dieser kann von den Fischen aufgenommen und für die Zellatmung verwendet werden. Das dabei freigesetzte Kohlenstoffdioxid dient der Pflanze als Ausgangsstoff für die Fotosynthese. Häufig sind aber die Bedingungen wie Lichtstärke oder der Gehalt an Kohlenstoffdioxid für die Fotosynthese nicht so weit erfüllt, um ausreichend Sauerstoff für die Fische zu bilden. Wenn keine oder zu wenige Pflanzen vorhanden sind, muss das Aquarium zusätzlich mit Sauerstoff versorgt werden.

Material B – Bedeutung der Fotosynthese

B1 Ermittle mithilfe der Daten die Sauerstoffmenge, die eine Buche in einer Stunde herstellt! Gehe dabei von 400 000 Laubblättern mit einer Oberfläche von je 30 Quadratzentimetern aus.
1 m^2 Oberfläche eines Laubblattes stellt 1 g Sauerstoff in einer Stunde her.
1 m^2 = 10 000 cm^2
10 000 cm^2 stellen 1 g Sauerstoff in einer Stunde her.
30 cm^2 stellen x g Sauerstoff in einer Stunde her.

$$\frac{x}{30\text{cm}^2} = \frac{1\text{g}}{10\,000\text{cm}^2}$$

Daraus folgt:

$$x = \frac{1\text{g} \cdot 30\text{cm}^2}{10\,000\text{cm}^2}$$

<u>x = 0,003 g</u>

Ein Buchenblatt mit der Oberfläche von 30 cm^2 stellt 0,003 g (bzw. 3 mg) Sauerstoff in einer Stunde her.

0,003 g · 400 000 Laubblätter = 1 200 g = 1,2 kg.

Eine Buche mit 400 000 Laubblättern mit je einer Oberfläche von 30 cm^2 stellt in einer Stunde 1,2 kg Sauerstoff her.

Gestufte Hilfen:
Hilfe 1: Berechne zunächst, wie viel cm² 1 m² entsprechen und berechne, wie viel Gramm Sauerstoff ein Laubblatt in einer Stunde herstellt.
Hilfe 2: Vorgabe des Dreisatzes.
Hilfe 3: Multipliziere das Ergebnis mit der Anzahl der Laubblätter einer Buche.

B2 Ermittle die Sauerstoffmenge, die ein Flugzeug bei einem achtstündigen Flug von Europa in die USA verbraucht!
Ein Flugzeug verbraucht in der Stunde 35 000 kg Sauerstoff.
35 000 kg Sauerstoff · 8 = 280 000 kg Sauerstoff

Bei einem achtstündigen Flug von Europa in die USA verbraucht ein Flugzeug 280 000 kg Sauerstoff. Dies entspricht 280 Tonnen.

B3 Ermittle, wie viele Stunden ein Mensch mit der bei B2 ermittelten Sauerstoffmenge überleben kann!
Ein Mensch verbraucht in der Stunde 200 g Sauerstoff.
1 Mensch → 200 g Sauerstoff pro Stunde = 0,2 kg
Ein Flugzeug verbraucht in der Stunde 35 000 kg Sauerstoff
1 Flugzeug → 280 000 kg Sauerstoff in 8 Stunden (B2)
Daraus folgt:

Anzahl der Stunden, die ein Mensch überleben kann =

$$\frac{280\,000 \text{ kg Sauerstoff}}{0{,}2 \text{ kg}} = 1\,400\,000 \text{ Stunden}$$

Ein Mensch kann von 280 000 kg Sauerstoff 1 400 000 Stunden überleben. Dies entspricht einer Zeit von etwa 58 333 Tagen oder 159 Jahren.

Gestufte Hilfe: Angabe des Ergebnisses von B2.

B4 Ermittle die Anzahl von Bäumen, die erforderlich ist, um in acht Stunden die Sauerstoffmenge zu bilden, die ein Flugzeug in der gleichen Zeit verbraucht!
Die Buche mit 400 000 Blättern stellt in der Stunde 1,2 kg Sauerstoff her (B1).
1,2 kg · 8 Stunden = 9,6 kg Sauerstoff in 8 Stunden
1 Baum produziert 9,6 kg Sauerstoff in 8 Stunden.
x Bäume produzieren 280 000 kg in 8 Stunden.

$$\frac{x}{280\,000 \text{ kg}} = \frac{1 \text{ Baum}}{9{,}6 \text{ kg}}$$

Daraus folgt:

$$x = \frac{1 \text{ Baum} \cdot 280\,000 \text{ kg}}{9{,}6 \text{ kg}}$$

$\underline{x = 29\,167 \text{ Bäume}}$

29 167 Bäume sind erforderlich, um in acht Stunden die Sauerstoffmenge zu bilden, die ein Flugzeug in der gleichen Zeit verbraucht.

Gestufte Hilfen:
Hilfe 1: Angabe der Ergebnisse von B1 und B2.
Hilfe 2: Ein Baum produziert 9,6 kg Sauerstoff in 8 Stunden.

B5 Erkläre zwei Maßnahmen, durch die man dafür sorgen könnte, dass der heutige Kohlenstoffdioxidgehalt gesenkt wird oder nicht weiter ansteigt!
Man könnte die Anzahl der Pflanzen auf der Erde erhöhen, sodass mehr Fotosynthese betrieben und dadurch der Atmosphäre mehr Kohlenstoffdioxid entzogen wird. Zum Beispiel könnte man:

- mehr Bäume pflanzen,
- in den Städten Fassaden mit Kletterpflanzen bepflanzen,
- die Anzahl der Algen in den Gewässern erhöht.

Außerdem könnte man der Luft das Kohlenstoffdioxid durch chemische Prozesse entziehen und so lagern, dass es nicht in die Luft entweichen kann.

Hinweis: Die Bildung von Kohlenstoffdioxid zu verringern, ist nur eine Maßnahme, die dafür sorgt, dass der Kohlenstoffdioxidgehalt nicht weiter steigt, gesenkt wird er dadurch nicht. Solche Maßnahmen, zum Beispiel die Verringerung des Straßenverkehrs oder die Verringerung des Verbrauchs von Erdöl und Erdgas für die Beheizung von Gebäuden, eignen sich daher als Lösung der Aufgabe nicht.

Material C – Energieumwandlung

C1 Beschreibe alle Energieumwandlungen, die erforderlich waren, bis das Holz des Lagerfeuers Licht und Wärme freisetzen kann!
Erste Energieumwandlung: Der Baum hat Lichtenergie dazu verwendet, in der Fotosynthese energiereiche Glukose herzustellen. Er hat also Lichtenergie in chemische Energie umgewandelt. Die Glukose hat der Baum zusammen mit anderen Stoffen dazu benutzt, das Holz zu bilden, aus dem er besteht
Zweite Energieumwandlung: Nach dem Anzünden des Lagerfeuers wird die chemische Energie des Holzes umgewandelt in Lichtenergie und Wärme.

C2 Stelle die Herkunft der Energie dar, die wir aufnehmen, wenn wir die Würstchen essen! Fertige dazu ein Pfeildiagramm an! Beginne mit dem Sonnenlicht.
Sonnenlicht (Lichtenergie) → Pflanze (Fotosynthese, chemische Energie, Glukose) → Tier/Schwein (Nahrungsaufnahme, chemische Energie) → Mensch (Würstchen, chemische Energie)

Körper des Menschen

1 Ernährung und Verdauung

Lebensmittel und Essgewohnheiten

Seite 50–51

1 Nenne mithilfe der Abbildung 01 Beispiele für pflanzliche und tierische Nahrungsmittel!
pflanzliche Nahrungsmittel:
Kartoffeln, Brot, Paprika, Spargel, Salat, Kräuter, Pilze, Karotten, Blumenkohl, Nüsse, Nudeln, Tomaten...
tierische Nahrungsmittel:
Käse, Fleisch, Fisch, Milch, Eier ...

2 Vergleiche in Form einer Tabelle das Frühstück aus zwei Ländern!
Individuelle Schülerlösung. Es sind mehrere Tabellenraster möglich.

Typische Bestandteile eines Frühstücks	Traditionelles Frühstück in Frankreich	Traditionelles Frühstück in Deutschland
Warmes Getränk (Kaffee oder Tee)	+	+
Kaltes Getränk (z.B. Orangensaft)	-	+
Brot und Brötchen	–	+
Croissant	+	–
Frühstücksei	–	+
Brotaufstrich	Marmelade	Marmelade, Honig
Schinken und Wurst	–	+
Käse	–	+
Joghurt	–	+
Müsli	–	+

+ = vorhanden; – = nicht vorhanden

Gestufte Hilfe: Vorgabe verschiedener Tabellenraster

Nahrungsmittel und ihre Inhaltsstoffe

Seite 52–54

1 Vergleiche zwei Nährstoffe miteinander!
Vergleich Proteine und Fette:
Gemeinsamkeit:
Sowohl Proteine als auch Fette bestehen jeweils aus Einzelbausteinen.
Unterschiede:
Fette bestehen aus einem Glycerin und drei Fettsäuren, Proteine aus sehr vielen verschiedenen Aminosäuren. Glycerin und Fettsäuren setzen sich zu einem eher kleinen und kompakten Nährstoff zusammen, dem Fett. Die Proteine sind eher lange Ketten, können sich aber auch zu einer kompakten Form anordnen.

Vergleich Kohlenhydrate und Proteine:
Gemeinsamkeiten:
Sowohl Kohlenhydrate als auch Proteine bestehen jeweils aus Einzelbausteinen. Die Vielfachzucker sind wie die Proteine in langen Ketten angeordnet.
Unterschiede:
Kohlenhydrate bestehen entweder aus einem Einfachzucker, zwei Einfachzuckern oder bis zu tausend Einfachzuckern (Vielfachzucker). Die Proteine bestehen aus sehr vielen verschiedenen Aminosäuren.

Vergleich Kohlenhydrate und Fette:
Gemeinsamkeit:
Sowohl Kohlenhydrate als auch Fette bestehen jeweils aus Einzelbausteinen.
Unterschiede:
Kohlenhydrate bestehen entweder aus einem Einfachzucker, zwei Einfachzuckern (Zweifachzucker) oder bis zu tausend Einfachzuckern (Vielfachzucker). Die Fette bestehen aus einem Glycerin und drei Fettsäuren. Glycerin und Fettsäuren setzen sich zu einem eher kleinen und kompakten Nährstoff zusammen, dem Fett.

2 Erkläre die Begriffe Baustoff und Betriebsstoff!
Wenn Nährstoffe, wie zum Beispiel die Proteine, für Wachstum und Entwicklung und damit für den Körperaufbau verantwortlich sind, dann werden sie als Baustoffe bezeichnet.
Wenn Nährstoffe, wie zum Beispiel Kohlenhydrate, bei der Verdauung abgebaut werden und dadurch Energie für den Körper gewonnen wird, bezeichnet man sie als Betriebsstoffe.

3 Nenne die Bedeutung der Inhaltsstoffe von Lebensmitteln für den Menschen!
Kohlenhydrate: Bedeutung als Energiequelle.
Fette: Bedeutung als Energiequelle sowie für das Wachstum und die Entwicklung des Körpers.
Proteine: Bedeutung für das Wachstum und die Entwicklung des Körpers, für die Regulation von Vorgängen im Körper sowie als Energiequelle.
Vitamine: Bedeutung für lebenswichtige Vorgänge im Körper und deren Regulation.
Mineralstoffe: Bedeutung für das Wachstum und die Entwicklung des Körpers und deren Regulation sowie für die Aufnahme und Umwandlung von Stoffen.
Ballaststoffe: Anregung der Darmtätigkeit.

Seite 55–57 (Material)

Versuch A – Nachweis von Glukose mit Teststreifen

A1 Vergleiche sofort die Färbungen der Testfelder mit der Farbskala auf der Teststreifendose! Beschreibe deine Beobachtungen!
Beim Teststreifen, der in destilliertes Wasser getaucht wurde, bleibt das Testfeld gelb. Beim Teststreifen, der in die Glukoselösung getaucht wurde, wird das Testfeld grün bis blaugrün.
Zusatzinformation: Es ist wichtig, dass die Teststreifen nur maximal zwei Sekunden in die zu prüfende Lösung getaucht werden, dass nach dem Herausnehmen der anhaftende Lösungstropfen durch Abtupfen mit der Kante auf einem Filterpapier entfernt wird und dass die Auswertung nach 30 bis spätestens 60 Sekunden nach dem Herausnehmen erfolgt. Bei längerem Kontakt mit der zu prüfenden Lösung und späterer Auswertung ist die Farbintensität des Testfeldes verändert.

A2 Prüfe mit neuen Teststreifen, ob Traubensaft, Milch und 25 ml destilliertes Wasser, in dem ein Spatellöffel Honig gelöst wurde, Glukose enthalten!
Bei Honig und Traubensaft verfärbt sich das Testfeld grün bis grün-blau. Sie enthalten Glukose. Bei Milch bleibt das Testfeld gelb. Sie enthält keine Glukose.
Zusatzinformation: Honig hat einen sehr hohen Glukosegehalt von 33,9 Gramm pro 100 Gramm Honig, bei Weintrauben beträgt der Glukosegehalt 7,18 Gramm pro 100 Gramm. Beide Tests zeigen daher ein positives Ergebnis. Milch enthält nur 0,006 Gramm Glukose pro 100 Gramm. Der Test verläuft daher negativ.

Versuch B – Nachweis von Glukose mit der Fehling-Probe

B1 Beschreibe, woran man erkennt, dass das zweite Reagenzglas Glukose enthält!
Die Lösung im Reagenzglas mit Glukose färbt sich orangerot bis rotbraun. Am Boden des Reagenzglases setzt sich eine so gefärbte Schicht ab.

B2 Untersuche mit dieser Methode die Lebensmittel aus Versuch A! Beschreibe deine Beobachtungen!
Die Lösungen der Reagenzgläser mit gelöstem Honig, mit Traubensaft und mit Milch färben sich rot.
Zusatzinformation: Die Fehling-Probe ist im Unterschied zur Teststreifenmethode kein spezifischer Glukosenachweis, sondern zeigt generell beim Vorhandensein von Aldehydgruppen eine positive Reaktion. Aldehydgruppen wirken in alkalischem Milieu, das durch die Natronlauge der Fehling II-Lösung entsteht, reduzierend. Dabei wird das in der Fehling I-Lösung vorhandene blaue Kupfer(II)sulfat zu rotem Kupfer(I)oxid reduziert. Im Honig kommt neben der Glukose etwa die gleiche Menge Fruktose vor. Fruktose besitzt keine Aldehydgruppe, sondern eine Ketogruppe, die nicht reduzierend wirkt. Im alkalischen Milieu findet aber eine Umwandlung der Fruktose in Glukose statt. Die Fehling-Probe weist daher bei Honig auf einen noch höheren Gehalt an Glukose hin als die Teststreifenmethode. Milch enthält etwa fünf Prozent Laktose, ein aus Glukose und Galaktose bestehender Zweifachzucker. Bei der Fehling-Probe öffnen sich die ringförmigen Einfachzucker und die Aldehydgruppen bewirken eine positive Reaktion. Bei Saccharose, die aus Fruktose und Glukose besteht, ist eine Ringöffnung nicht möglich. Die Fehling-Probe ist hier negativ.
Die Fehling-Probe wurde 1848 von Hermann FEHLING als erste Methode zur quantitativen Bestimmung von Zucker im Harn eingeführt.

Hinweis: Die Fehling-Lösung kann durch die Benedict-Reagenz ersetzt werden.

Versuch C – Nachweis von Stärke mit Iod-Kaliumiodid-Lösung

C1 Beschreibe deine Beobachtungen beim Teilversuch A mit der Stärke!
Stärke färbt sich bei Zugabe von Iod-Kaliumiodid-Lösung tiefblau bis violett.

C2 Begründe, weshalb eine zweite, nur aus Wasser bestehende Probe ebenfalls getestet werden soll!
Man kann damit ausschließen, dass die Farbveränderung allein durch Wasser zustande kommt, sondern tatsächlich durch die Stärke bewirkt wird.

C3 Nenne die Lebensmittel in Teilversuch B, die Stärke enthalten!
Kartoffeln, Bananen, Reis, Nudeln, Brot und Haferflocken enthalten Stärke.
Zusatzinformation: Bei Kartoffeln, Reis, Nudeln, Brot und Haferflocken zeigt sich direkt nach dem Auftropfen ein blauer Fleck, bei Bananen entwickelt sich nach einiger Zeit ein graublauer Fleck. Diese Lebensmittel enthalten also Stärke. Bei Äpfeln und Joghurt bleibt die aufgetropfte Iod-Kaliumiodid-Lösung gelb, sie enthalten keine Stärke.
Stärke besteht zu 20 Prozent aus spiralig aufgebauter Amylose und zu 80 Prozent aus verzweigt aufgebautem Amylopektin. Beim Nachweis mit Iod-Kaliumiodid-Lösung bildet die Amylose mit Iod eine Einschlussverbindung. Iodmoleküle lagern sich in die Amylosespirale ein, wodurch die blaue bis violette Färbung zustande kommt. Bananen enthalten nur ein bis zwei Prozent Stärke. Je reifer die Bananen sind, desto mehr Stärke ist bereits zu Glukose abgebaut.

Versuch D – Nachweis von Fett mit der Fettfleckprobe

D1 Beschreibe, woran man das Vorhandensein von Fett erkennt!
Auf dem Filterpapier ist nach dem Trocknen das Wasser nicht mehr zu erkennen. Das Fett ist dagegen noch als glasiger Fleck sichtbar.

D2 Untersuche mit dieser Methode verschiedene Lebensmittel! Nenne die Lebensmittel, die Fett enthalten!
Milch sowie die filtrierten Flüssigkeiten der Erdnüsse und des Käses enthalten Fett.

Versuch E – Nachweis von Protein mit Teststreifen

E1 Vergleiche sofort die Färbungen der Testfelder mit der Farbskala auf der Teststreifendose! Beschreibe deine Beobachtungen!
Beim Teststreifen, der in destilliertes Wasser getaucht wurde, bleibt das Testfeld gelb. Beim Teststreifen, der in die Eiklarlösung getaucht wurde, wird das Testfeld grün.
Zusatzinformation: Für die Handhabung der Teststreifen gelten die Zusatzinformationen von A1.
Das Eiklar von einem Ei reicht für eine ganze Klasse, wenn man mit destilliertem Wasser eine Eiklarlösung herstellt und diese auf die Arbeitsgruppen aufteilt.

E2 Prüfe mit neuen Teststreifen das Vorkommen von Protein in verschiedenen Lebensmitteln! Nenne die Lebensmittel, die Protein enthalten!
Bei Milch und Bohnen ist der Proteinnachweis deutlich positiv. Bei Orangensaft ist eine schwache grünliche Verfärbung des Testfeldes zu beobachten.
Zusatzinformation: Eier enthalten 12,8 Gramm Protein pro 100 Gramm. Dabei enthält das Eigelb 16,1 Gramm und das Eiklar 10,9 Gramm pro 100 Gramm. Vollmilch enthält 3,3 Gramm, getrocknete grüne Bohnen 20,2 Gramm, getrocknete dicke Bohnen 28,1 Gramm und Orangensaft 0,7 Gramm Protein pro 100 Gramm. Orangenlimonade enthält kein Protein.

Versuch F – Nachweis von Protein mit der Biuretprobe

F1 Beschreibe, woran man das Vorhandensein von Protein erkennt!
Die Lösung im zweiten Reagenzglas, die Eiklar enthält, verfärbt sich violett. Die Lösung im ersten Reagenzglas bleibt hellblau.
Zusatzinformation: Proteine bilden aufgrund ihrer Peptidbindungen mit Kupfer(II)-Ionen im alkalischen Milieu violette Komplexverbindungen.

F2 Untersuche in gleicher Weise die Lebensmittel aus Versuch E! Vergleiche die Ergebnisse mit denen aus Versuch E!
Eiklarlösung, Milch und Bohnen enthalten Protein. Sie bewirken eine deutliche Violettfärbung. Bei Orangensaft zeigt sich eine schwache Violettfärbung. Die Ergebnisse entsprechen denen aus Versuch E.

Verdauung von Kohlenhydraten

Seite 58–60

1 Beschreibe die Arbeitsweise von Enzymen!
Enzyme können Stoffe bei Körpertemperatur umwandeln. Dazu heften sich Enzyme zunächst an den Stoff, der verändert werden soll. Wenn das geschehen ist, erfolgt die Umwandlung, zum Beispiel die Spaltung in zwei Bestandteile. Danach löst sich das Enzym wieder von dem jetzt umgewandelten Stoff. Nach diesem Vorgang liegt es wieder in der gleichen Form vor, wie vorher. Es kann sich daher sofort wieder an einen Stoff binden, der umgewandelt werden soll.

Seite 61 (Material)

Material A – Wirkung des Speichels auf Stärke

A1 Beschreibe den Versuchsaufbau von Versuch A und B!
Es werden zwei Reagenzgläser mit der gleichen Menge an Stärkelösung in je ein Becherglas gestellt. Beide Stärkelösungen sind mit Iod-Kaliumiodid-Lösung blauviolett gefärbt. Das Reagenzglas steht in einem Becherglas mit Wasser, das bei Versuch A eine Temperatur von 37 °C und bei Versuch B eine Temperatur von 12 °C hat. Die Temperatur wird mit einem Thermometer kontrolliert. In beide Reagenzgläser wird mit einer Pipette die gleiche Menge an Mundspeichel eingetropft. Beide Reagenzgläser bleiben drei Minuten in den Bechergläsern stehen.

A2 Vergleiche die Versuchsergebnisse von Versuch A und B!
Gemeinsamkeit:
In beiden Versuchen ist die Menge der Stärkelösung gleich geblieben.
Unterschied:
In Versuch A hat die Stärkelösung ihre violette Farbe verloren. In Versuch B hat sich die Farbe der Stärkelösung nicht verändert.

A3 Erkläre das Ergebnis des Versuchs A!
Im Versuch A entfärbt sich die Stärkelösung nach der Zugabe von Speichel. Die blauviolette Färbung der Lösung zu Beginn des Versuchs zeigt an, dass Stärke vorhanden ist. Das Enzym Amylase im zugegebenen Speichel hat dazu geführt, dass die Stärke in Glukose zerlegt

wurde. Weil Iod-Kaliumiodid-Lösung nur Stärke färbt, aber nicht Glukose, verschwindet die blaue Farbe, wenn die Stärke abgebaut wurde.

Gestufte Hilfe: Berücksichtige, dass Iod-Kaliumiodid-Lösung Stärke blauviolett färbt, aber nicht Glukose.

A4 Stelle Vermutungen an, wie sich das Ergebnis des Versuchs B erklären ließe!
Im Versuch B herrschen die gleichen Bedingungen vor, wie in Versuch A, bis auf die Temperatur. Sie beträgt statt 37 °C nur 12 °C. Dass sich die Stärkelösung nicht entfärbt, könnte daran liegen, dass das Enzym Amylase des Mundspeichels bei einer so geringen Temperatur nicht oder nur langsam wirken kann.

A5 Erkläre, weshalb die Stärke angefärbt wurde!
Die Stärke wurde angefärbt, um nachzuweisen, dass sie im Reagenzglas enthalten ist. Wenn man die Stärke nicht anfärbt, kann man nicht erkennen, ob sie abgebaut wird oder bestehen bleibt.

A6 Begründe, weshalb in beiden Versuchen alle Versuchsbedingungen außer einer gleich sein mussten!
Durch die Versuche sollte die Frage geklärt werden, ob die Temperatur für die Wirkung von Amylase im Mundspeichel von Bedeutung ist. Wenn die Versuchsergebnisse bei 37 °C anders sind als bei 12 °C kann man darauf schließen, dass die Temperatur für die Wirkung der Amylase von Bedeutung ist. Wenn in den Versuchen noch eine weitere Bedingung unterschiedlich wäre, zum Beispiel die Menge an gelöster Stärke, könnte man nicht entscheiden, ob die unterschiedlichen Versuchsergebnisse durch die unterschiedliche Temperatur oder durch die unterschiedliche Menge an gelöster Stärke zustande gekommen sind.

Gestufte Hilfen:
Hilfe 1: Überlege, welche Folgen es hätte, wenn nicht alle Bedingungen gleich wären.
Hilfe 2: Überlege, was passieren würde, wenn bei Versuch B mehr Stärke im Reagenzglas vorhanden wäre als bei Versuch A.

A7 Erläutere, weshalb das Kauen von Brot ein Beispiel für das biologische Prinzip der Oberflächenvergrößerung ist!
Wenn man Brot kaut, zerteilt man ein großes Stück in viele kleine Stücke. Die Oberfläche des großen Stückes ist viel kleiner als die Summe aller Oberflächen der durch das Kauen entstehenden kleinen Stückchen. Die Amylase des Mundspeichels kann daher nach dem Kauen an einer viel größeren Oberfläche auf die Stärke in den Brotstückchen einwirken als vor dem Kauen.

Vergleichbar ist das mit der Oberflächenvergrößerung des Dünndarms, die dafür sorgt, dass in kurzer Zeit viele Nährstoffe ins Blut aufgenommen werden können.

Material B – Wirkung von Enzymen

B1 Beschreibe die im Schema dargestellten Vorgänge, durch die ein Stoff mithilfe eines Enzyms gespalten wird!
Der Stoff, der gespalten werden soll (*a*), heftet sich an ein Enzym (*b*).
Das Enzym beginnt, die Verbindung zwischen zwei Bestandteilen (A und B) des Stoffes zu lösen (*c*).
Der Stoff ist in zwei Bestandteile gespalten (*d*).
Die beiden Bestandteile des Stoffes lösen sich vom Enzym (*e*).
Das Enzym ist unverändert und bereit, sich wieder mit dem Stoff, der bei a dargestellt ist, zu verbinden (*f*).

B2 Erkläre mithilfe des Schemas, weshalb nur eine geringe Menge von Enzymen für die Spaltung einer großen Stoffmenge erforderlich ist!
Das Enzym wird bei der Spaltung des Stoffes nicht verändert. Das gleiche Enzym kann daher in kurzen Abständen hintereinander immer wieder den Vorgang der Spaltung auslösen. Wenn das Enzym bei der Spaltung verbraucht würde, wäre eine viel größere Menge an Enzym für die Spaltung der gleichen Stoffmenge erforderlich.

B3 Zeichne ein ähnliches Schema, in dem dargestellt ist, dass ein Enzym einen Stoff nicht spalten kann!

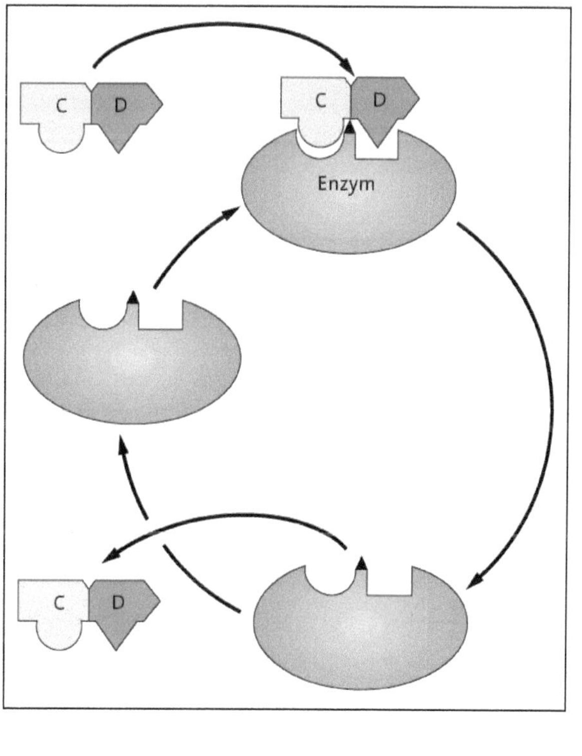

Gestufte Hilfen:
Hilfe 1: Beachte die Form des Enzyms und der Stoffe.
Hilfe 2: Überlege, welche Form ein Stoff haben müsste, wenn das Enzym ihn nicht spalten kann.

Zusatzinformation: In das Schema, das angefertigt werden soll, muss ein zweiter Stoff eingetragen werden, der von seiner Form her nicht in die Aussparungen auf der Oberseite des Symbols für das Enzym passt. Dadurch wird dargestellt, dass die Spaltung nur erfolgen kann, wenn der zu spaltende Stoff eine Verbindung mit einer bestimmten Stelle des Enzyms eingeht.

B4 Erkläre am Beispiel des bei B3 angefertigten Schemas das Schlüssel-Schloss-Prinzip!
Ein Enzym kann seine Funktion, zum Beispiel die Spaltung eines Stoffes, nur erfüllen, wenn der Bau des Enzyms zu der des Stoffes passt, der gespalten werden soll. Nur so können sich Enzym und Stoff für eine kurze Zeit miteinander verbinden, sodass die Spaltung in Gang gesetzt wird. Der Stoff, der verändert werden soll, muss zum zugehörigen Enzym passen wie ein Schlüssel in das zugehörige Schloss.

Verdauung von Proteinen und Fetten

Seite 64–66

1 Beschreibe die Aufgabe der Magensäure!
- Sie schafft eine saure Umgebung. Das ist erforderlich, weil die Proteasen des Magensaftes nur in saurer Umgebung wirken können.
- Sie fällt gelöste Proteine aus Flüssigkeiten aus. Dadurch werden sie nicht so schnell in den Darm weitertransportiert, sodass die Proteasen länger Zeit haben, sie abzubauen.
- Sie tötet in der Nahrung enthaltene Krankheitserreger ab, zum Beispiel Bakterien.

2 Beschreibe, wie Proteine verdaut werden!
Im Magen werden die Proteine durch Proteasen des Magensafts in kurze Aminosäureketten zerlegt. Im daran anschließenden Zwölffingerdarm, der in den Dünndarm übergeht, wirken weitere Enzyme auf die Aminosäureketten ein. Sowohl der Bauchspeichel, der von der Bauchspeicheldrüse in den Zwölffingerdarm abgegeben wird, als auch der Dünndarmsaft, der von der Dünndarmwand gebildet wird, enthalten Proteasen, die die Aminosäureketten in einzelne Aminosäuren spalten.

3 Erkläre, weshalb die Proteine der Nahrung anders gebaut sind als die, aus denen die Zellen des Menschen bestehen!
Durch die Verdauung erhalten die Zellen des Menschen über das Blut Aminosäuren, die aus den Proteinen der Nahrung stammen. In den Zellen werden diese Aminosäuren zu neuen Proteinen zusammengesetzt, allerdings in einer anderen Reihenfolge als in den Proteinen der Nahrung. Daher sind die Proteine, die der Mensch mit der Nahrung aufnimmt, anders gebaut als die, aus denen seine Zellen bestehen.

4 Erkläre, weshalb ein Proteinmangel besonders gefährlich ist!
Proteine sind die Hauptbestandteile der Zellen des Menschen. Weil sie nicht unbegrenzt haltbar sind, müssen sie ständig neu gebildet werden. Bei Proteinmangel können alte, nicht mehr funktionsfähige Proteine nicht durch neue ersetzt werden. Dadurch kommt es zu gefährlichen Gesundheitsstörungen. Das gilt vor allem für Kinder. Wenn Proteine fehlen, können Kinder keine oder nicht mehr genügend neue Zellen bilden, sodass es zu Wachstumsstörungen kommt.

Gestufte Hilfe: Berücksichtige die Lebensdauer und den Hauptbestandteil der menschlichen Zellen.

5 Nenne Verdauungsorgane, die am Abbau der Fette beteiligt sind!
Am Abbau der Fette sind folgende Verdauungsorgane beteiligt: die Bauchspeicheldrüse, die Leber und die Gallenblase, der Zwölffingerdarm und der Dünndarm.

6 Erkläre das biologische Prinzip der Oberflächenvergrößerung am Beispiel der Wirkung von Galle!
Die Gallenflüssigkeit löst große Fetttropfen in viele kleine auf. Die gleiche Menge Fett hat eine größere Oberfläche, wenn sie als viele kleine Tropfen vorliegt, als wenn sie nur aus wenigen großen Tropfen besteht.

7 Erkläre, weshalb die Galle in einigen Fachbüchern nicht als Verdauungssaft bezeichnet wird!
Unter Verdauung versteht man den Abbau von Nährstoffen in ihre Bestandteile. Galle ist zwar an der Verdauung von Fett beteiligt, enthält aber keine Fett abbauenden Enzyme. Weil sie also nicht in der Lage ist, Fett in seine Bestandteile Glycerin und Fettsäuren zu zerlegen, darf man sie nicht als Verdauungssaft bezeichnen. Die in der Galle enthaltenen Stoffe zerteilen lediglich die Fetttropfen und machen sie für die Lipasen des Bauchspeichels und des Dünndarmsafts leichter zugängig.

Seite 67 (Material)

Material A – Verdauung von Nährstoffen

A1 Nenne die Fachbegriffe für die mit Zahlen gekennzeichneten Bereiche!
1 = Mundhöhle, **2** = Magen, **3** = Leber, **4** = Gallenblase, **5** = Bauchspeicheldrüse, **6** = Dünndarm

Gestufte Hilfe: Vorgabe der Fachbegriffe in ungeordneter Reihenfolge.

A2 Nenne die Fachbegriffe für die in der Abbildung B dargestellten Symbole und ordne sie den passenden Stellen des Schemas A zu! Dabei sind Mehrfachnennungen möglich.
a = Protein → Mundhöhle (1) und Magen (2)
b = kurze Aminosäureketten → Magen (2) und Dünndarm (6)
c = Aminosäuren → Dünndarm (6)
d = Fett → Mundhöhle (1), Magen (2), Dünndarm (6)
e = Glycerin → Dünndarm (6)
f = Fettsäuren → Dünndarm (6)

Gestufte Hilfe: Vorgabe der Fachbegriffe in ungeordneter Reihenfolge.

A3 Ordne die Enzyme Proteasen, Lipasen, Maltase, Amylasen den Stellen der Abbildung A zu, an denen sie gebildet werden!
Proteasen: Magen (2), Bauchspeicheldrüse (5) und Dünndarm (6)
Lipasen: Bauchspeicheldrüse (5) und Dünndarm (6)
Maltasen: Dünndarm (6)
Amylasen: Mundhöhle (1) und Bauchspeicheldrüse (5)

Gestufte Hilfe: Vorgabe der Fachbegriffe für die Orte der Verdauung

A4 Nenne die Organe, die an der Bildung und Speicherung der Flüssigkeit beteiligt sind, die Fett in kleine Tropfen verteilt!
Leber (3) und Gallenblase (4)

A5 Nenne den Ort, an denen die Nährstoffe oder ihre Bestandteile in das Blut aufgenommen werden!
Die Nährstoffe oder ihre Bestandteile werden im Dünndarm (6) ins Blut aufgenommen.

Material B – Wirkung von Proteasen

B1 Beschreibe die Versuchsergebnisse!
Das Fleischstück im Reagenzglas 1 wurde nicht abgebaut. Das Wasser im Reagenzglas ist klar geblieben.
Das Fleischstück im Reagenzglas 2 wurde nur zu einem geringen Teil abgebaut. Das Wasser im Reagenzglas ist trüb geworden.
Das Fleischstück im Reagenzglas 3 wurde vollständig abgebaut. Das Wasser ist trüb geworden.

B2 Erkläre das Versuchsergebnis im Reagenzglas 3!
Das im Reagenzglas enthaltene Pepsin ist eine Protease. Durch sie wurde das Protein, der wichtigste Bestandteil von Fleisch, in seine Bausteine, die Aminosäuren, zerlegt. Dadurch verschwand des Fleischstück und das Wasser wurde durch die Abbauprodukte und die Bestandteile, des Fleisches, die keine Proteine sind, eingetrübt.

B3 Nenne die Voraussetzung dafür, dass Pepsin wirken kann!
Pepsin kann nur wirken, wenn die Umgebung sauer ist.

B4 Erkläre, weshalb die Bedingungen in allen Reagenzgläsern gleich sein mussten!
Im Versuch sollte untersucht werden, welche der Bestandteile des Magensafts, Pepsin und Salzsäure, Fleisch abbauen. Wenn in den drei Reagenzgläsern außer der Flüssigkeit, mit der die Fleischstücke bedeckt wurden, noch weitere Bedingungen unterschiedlich gewesen wären, hätte man nicht darauf schließen können, dass der Abbau besonders schnell verläuft, wenn sowohl Pepsin wie auch Salzsäure vorhanden sind. Wenn zum Beispiel das Reagenzglas 3 in einer wärmeren Umgebung gestanden hätte, dann hätte auch die höhere Temperatur die Ursache für den Abbau des Fleischstückchens sein können. Dann hätte man nicht unterscheiden können, ob die Temperatur oder der Gehalt an Salzsäure und Pepsin die Bedingung ist, die für den vollständigen Abbau des Fleischstückchens verantwortlich ist.

Gestufte Hilfe: Überlege, welche Folgen es hätte, wenn nicht alle Bedingungen gleich wären, wenn zum Beispiel ein Reagenzglas in wärmerer Umgebung stehen würde als die beiden anderen.

B5 Plane einen ähnlichen Versuch, durch den die Bedeutung der Galle für den Abbau von Öl untersucht wird! Erstelle dazu ein Versuchsprotokoll! Nimm die Seiten 62 und 63 zu Hilfe!
Ein Versuch könnte zum Beispiel sein:

Versuchsprotokoll (Datum)

Frage: Verläuft die Verdauung von Fett schneller, wenn Gallensaft vorhanden ist?
Vermutung 1: Der Abbau von Fett verläuft schneller, wenn Gallensaft vorhanden ist.
Vermutung 2: Die Anwesenheit von Gallensaft hat keinen Einfluss auf die Geschwindigkeit des Fettabbaus.
Vernutung 3: Der Abbau von Fett verläuft langsamer, wenn Gallensaft vorhanden ist.
Materialien: 3 Reagenzgläser, 1 Becherglas (250 ml), Wasser mit einer Temperatur von 37 bis 40°C, Thermometer, Stift für die Beschriftung, Öl (z.B. Sonnenblumenöl), Gallensaft, Lipase
Aufbau und Durchführung: In drei Reagenzgläsern, die gleich viel Wasser (37 bis 40°C warm) enthalten, wird jeweils die gleiche Menge an Öl gefüllt.
Alle Versuchsbedingungen sind für die drei Reagenzgläser gleich, zum Beispiel wird die gleiche Art von Öl benutzt und die Temperatur, die Belichtung sowie die Versuchsdauer sind gleich.
In das erste Reagenzglas werden einige Tropfen Gallensaft gegeben und das zweite einige Tropfen einer Flüssigkeit, die Lipasen enthält. In das dritte Reagenzglas

gibt man sowohl Gallensaft als auch Lipasen in der gleichen Menge, wie in den beiden anderen Reagenzgläsern. Die drei Reagenzgläser werden in ein Becherglas gestellt, das 37 – 40°C warmes Wasser enthält. Nach jeweils der gleichen Zeit beobachtet man, ob und gegebenenfalls welche Veränderungen sich in den Reagenzgläsern ergeben haben.

Gestufte Hilfen:
Hilfe 1: Öl besteht aus Fett, Fette werden durch Lipasen abgebaut, die Galle unterstützt den Fettabbau.
Hilfe 2: Nimm die Seiten 62 und 63 zu Hilfe!

Zusatzinformation: Folgende Beobachtungen und Auswertungen sind zu erwarten.
Beobachtungen / Ergebnisse:
Im ersten Reagenzglas verschwindet das Öl nicht. Im zweiten Reagenzglas verschwindet das Öl nicht oder nur ganz wenig. Im dritten Reagenzglas wird die Ölmenge deutlich geringer oder das Öl verschwindet ganz. Die Ölmenge ist geringer geworden als im zweiten Reagenzglas.
Auswertung/Deutung:
Im ersten Reagenzglas sind keine Fett abbauenden Enzyme vorhanden. Daher verschwindet das Fett nicht. Im zweiten Reagenzglas wird Fett durch die Lipasen nur langsam abgebaut. Das Fett wurde nicht in kleine Tröpfchen zerlegt, weil kein Gallensaft vorhanden ist. Im dritten Reagenzglas wird Fett schnell abgebaut, weil der zugegebene Gallensaft das Fett in kleine Tröpfchen zerteilt. Dadurch entsteht eine große Gesamtoberfläche des Fettes an der gleichzeitig viele Enzyme wirken können. Daher ist in Reagenzglas drei die Fettmenge am geringsten.

Gesunderhaltende Ernährung

Seite 70–72

1 Beschreibe den Unterschied zwischen Grund-, Leistungs- und Gesamtumsatz!
Der *Grundumsatz* ist die Energiemenge, die ein Mensch bei völliger Ruhe innerhalb von 24 Stunden verbraucht. Der *Leistungsumsatz* ist die zusätzlich erforderliche Energiemenge, die durch Aktivitäten wie Bewegung oder Denken verbraucht wird. Der *Gesamtumsatz* ist die Summe von Grundumsatz und Leistungsumsatz.

2 Beschreibe, worauf man achten sollte, wenn man sich gesund ernähren möchte!
- Man sollte darauf achten, dass man etwa die Menge an Nahrung aufnimmt, die gerade so viel Energie liefert, wie man auch verbraucht.
- Die Nahrung sollte alle Nährstoffe, Kohlenhydrate, Fette und Proteine, sowie ausreichend Vitamine, Mineral- und Ballaststoffe enthalten.
- Man sollte darauf achten, dass die Nährstoffe in einem ausgewogenen Verhältnis aufgenommen werden. Um dies zu erreichen, kann man sich an der Ernährungspyramide orientieren. Getreideprodukte und Kartoffeln sowie Obst und Gemüse sollten zusammen etwa 75 Prozent betragen, und proteinreiche Lebensmittel wie Fleisch und Milchprodukte etwa 20 Prozent. Butter, Öl und Margarine sowie Süßigkeiten sollten höchstens fünf Prozent der täglichen Nahrung betragen.
- Die Lebensmittel sollten frei von Schadstoffen sein. Frische Lebensmittel sind Konserven und Fertigprodukten vorzuziehen. Außerdem sollten die Lebensmittel schonend zubereitet werden.

Seite 73 (Material)

Material A – Brennwert

A1 Beschreibe anhand der Abbildung die Ermittlung des Brennwertes in einem Kalorimeter!
- Eine bestimmte Menge eines Nahrungsmittels wird in die Brennkammer des Kalorimeters gegeben.
- Die Brennkammer wird mit Sauerstoff gefüllt und verschlossen.
- Über einen Draht, der in der Brennkammer bis in die Nahrungsmittelprobe reicht, wird diese elektrisch gezündet.
- Die bei der Verbrennung entstehende Wärme erwärmt das Wasser, das die Brennkammer umgibt.
- Die Erwärmung wird mit einem Thermometer gemessen.
- Die Isolierung des Kalorimeters verhindert, dass Wärme nach außen verloren geht oder das Wasser von außen zusätzlich erwärmt.

Gestufte Hilfe: Verwende bei der Beschreibung dir Begriffe in folgender Reihenfolge: 1. Nahrungsmittel, 2. Brennkammer mit Sauerstoff gefüllt, 3. elektrische Zündung, 4. Wasser, 5. Thermometer, 6. Isolierung.

A2 Erkläre die Aufgabe der folgenden Bestandteile des Kalorimeters: Isolierung, elektrische Zündung und Thermometer!
Die *Isolierung* soll verhindern, dass die beim Verbrennen von Nährstoffen entstehende Wärme aus dem Kalorimeter an die Umgebung abgegeben oder dass Wärme in das Kalorimeter von außen aufgenommen werden kann.
Die *elektrische Zündung* ermöglicht, den Verbrennungsvorgang in Gang zu setzen, ohne Wärmeenergie zuzuführen, sodass die Erwärmung des Wassers im Kalorimeter allein aufgrund der aus den Nährstoffen frei werdenden Energie erfolgt.

Mithilfe des *Thermometers* wird der Temperaturunterschied im Kalorimeter vor und nach der Verbrennung der Nährstoffprobe bestimmt.

A3 Ermittle den Brennwert von 100 Gramm Glukose in Kilojoule!

1 Gramm Glukose erwärmt 1 Liter Wasser im Kalorimeter um 3,74 °C. Das entspricht 3,74 Kilokalorien.

Da 1 Kilokalorie etwa 4,2 Kilojoule sind, entsprechen 3,74 Kilokalorien = 3,74 x 4,2 = 15,7 Kilojoule.

100 Gramm Glukose enthalten demnach 100 x 15,7 Kilojoule = 1570 Kilojoule.

A4 Beurteile, ob es sinnvoll ist, den Brennwert auf Lebensmittelpackungen anzugeben!

Für Menschen, die sich ausgewogen und deshalb gesund ernähren oder abnehmen wollen, ist die Kennzeichnung eine wichtige Entscheidungshilfe beim Einkauf von Lebensmitteln. Anhand der Brennwertangaben auf Lebensmittelpackungen kann man ungefähr ausrechnen, wie viel Energie man mit einer bestimmten Menge eines Lebensmittels aufnimmt. Dies ist vor allem sinnvoll bei Süßigkeiten, Knabberzeug, süßen Getränken und Fertigprodukten, deren Energiemenge häufig unterschätzt wird. Dabei muss beachtet werden, dass der Energiebedarf für jeden Menschen unterschiedlich ist.

Bei Menschen, die abnehmen wollen, kann jedoch die Angabe des Brennwertes dazu führen, dass man ständig die Brennwerte zählt und so das Essen eine komplizierte Angelegenheit wird. Viel wichtiger ist es, sich ausgewogen zu ernähren und ausreichend zu bewegen, um sein Gewicht zu kontrollieren.

Zusatzinformation: Seit dem 13. Dezember 2016 ist die Nährwertkennzeichnung für alle verpackten Lebensmittel verpflichtend. Davor war die Nährwertkennzeichnung nur in bestimmten Fällen rechtlich gefordert, wie zum Beispiel auf Lebensmittel für besondere Ernährungszwecke (z.B. Säuglingsnahrung), und auf Lebensmitteln, die mit Vitaminen oder Mineralien angereichert wurden.

Heutzutage stellen die Wissenschaftler jedoch grundlegend infrage, ob Brennwerte mit einem Kalorimeter richtig berechnet werden. Kritisiert wird, dass der Brennwert den Energiegehalt eines Lebensmittels vor dem Verzehr beschreibt, also unabhängig davon, was im Körper damit passiert, wenn man es gegessen hat. Daher fordern Wissenschaftler, stattdessen den Energiegehalt eines Lebensmittels immer im Zusammenhang damit auszudrücken, wie es der Körper verarbeitet. Der Energiegehalt von Lebensmitteln sollte nach einem neuen System ermittelt und die Angaben auf Lebensmittelpackungen korrigiert werden.

Material B – Nutzbare Energie

B1 Vergleiche die in der oberen Tabelle aufgelisteten Brennwerte mit der jeweils im Körper nutzbaren Energie!

Bei Glukose, Kohlenhydraten (gesamt) und Fetten entspricht der Brennwert der jeweils im Körper nutzbaren Energie. Bei Proteinen ist die nutzbare Energie geringer als der Brennwert. Bei Harnstoff und Zellulose kann die in ihnen gespeicherte Energie im Körper nicht genutzt werden.

B2 Erkläre mithilfe der in der oberen Tabelle angegebenen Bedeutung der Stoffe im Körper Übereinstimmungen und Unterschiede von Brennwert und nutzbarer Energie!

Übereinstimmungen:

Glukose, Kohlenhydrate (gesamt) und Fette sind Betriebsstoffe. Sie können leicht vollständig abgebaut werden, sodass ihre gesamte Energie für den Körper schnell nutzbar ist.

Unterschiede:

Proteine sind für den Körper als Baustoffe wichtig, zum Beispiel für das Wachstum und die Entwicklung des Körpers. Da sie nur zum Teil auch als Betriebsstoffe genutzt werden, sodass ihre für den Körper nutzbare Energie geringer ist als ihr Brennwert. Proteine werden zudem nicht vollständig abgebaut.

Harnstoff ist ein Abbauprodukt der Proteinverdauung, das als Abfallstoff ausgeschieden wird. Die in ihm noch enthaltene Energie kann vom Körper nicht genutzt werden.

Zellulose kann im menschlichen Körper nicht abgebaut werden. Die in ihr enthaltene Energie ist daher im Körper nicht nutzbar. Als Ballaststoff hat sie aber eine wichtige Bedeutung für die Darmtätigkeit.

B3 Ermittle mithilfe der oberen Tabelle die Brennwerte von 100 Gramm der aufgelisteten Lebensmittel!

Vorgehensweise:

Die in Tabelle 2 angegebenen Nährstoffmengen sind für jedes Lebensmittel mit dem in Tabelle 1 jeweils angegebenen Brennwert zu multiplizieren und die für die Kohlenhydrate, Fette und Proteine erhaltenen Werte zu addieren.

Beispiel Eier:

Kohlenhydrate: 0,7 x 17,2 = 12,04 Kilojoule, Fette: 11,5 x 38,9 = 447,35 Kilojoule, Proteine: 12,8 x 23 = 294,4 Kilojoule

Der Brennwert von 100 Gramm Eier beträgt:

12,04 + 447,35 + 294,4 = 753,79 Kilojoule.

Brennwert von 100 Gramm *Äpfel* = 260,14 Kilojoule,

Brennwert von 100 Gramm *Vollmilchschokolade* = 2314, 2 Kilojoule.

B4 Erkläre, weshalb die Summe der jeweiligen Nährstoffe in der unteren Tabelle weniger als 100 Gramm beträgt!

Die Summen der Nährstoffe der in Tabelle 2 aufgeführten Lebensmittel betragen jeweils bei 100 Gramm Lebensmittel bei Eiern 25 Gramm, bei Äpfel 14,3 Gramm und bei Vollmilchschokolade 94 Gramm. Die Differenz zu 100 Gramm ist darauf zurückzuführen, dass weitere Inhaltsstoffe in der Tabelle nicht aufgeführt sind. Eier und Äpfel haben zum Beispiel einen sehr hohen Anteil an Wasser, Äpfel enthalten zudem Ballaststoffe. Auch Mineralstoffe und Vitamine fehlen in der Tabelle.

Material C – Energiebedarf

C1 Stelle mithilfe der Tabelle den jeweiligen Leistungsumsatz dieser Aktivitäten in einem Säulendiagramm dar!

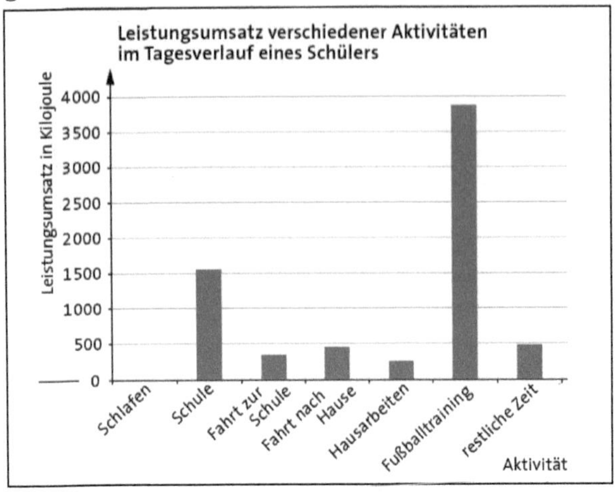

Gestufte Hilfen:
Hilfe 1: Achsenbeschriftung vorgeben.
Hilfe 2: Vorgabe der Achsenskalierung der Hochachse (1 cm = 500 kJ).

C2 Ermittle den täglichen Gesamtumsatz dieses Schülers!
Grundumsatz:
In einer Stunde: $4{,}2 \cdot 50 = 210$ kJ .
In 24 Stunden: $210 \text{ kJ} \cdot 24 = 5\,040$ kJ .

Leistungsumsatz:

Aktivität	Leistungsumsatz (kJ)	Zeit
Schlafen	0	9
Schule	1 560	6
Fahrt zur Schule	352	0,5
Fahrt nach Hause	488	0,25
Hausarbeiten	520	2
Fußballtraining	3 884	2
Restliche Zeit	459	4,25
Summe	7 263	24

Gesamtumsatz:
Grundumsatz + Leistungsumsatz = Gesamtumsatz,
5 040 kJ + 7 263 kJ = 12 303 kJ.
Der Schüler hat an diesem Tag einen Gesamtumsatz von etwa 12 303 kJ.

Gestufte Hilfen:
Hilfe 1: Berücksichtige, dass der Gesamtumsatz sich aus dem Grundumsatz und dem Leistungsumsatz zusammensetzt.
Hilfe 2: Berechne zunächst den Grundumsatz und den Leistungsumsatz für 24 Stunden.
Hilfe 3: Berücksichtige, dass sich der Leistungsumsatz aus unterschiedlichen Aktivitäten zusammensetzt.

Material D – Ausgewogene Ernährung

D1 Stelle die Menge der Inhaltsstoffe der beiden Gerichte in einer Tabelle dar! Ermittle die Nährstoffverhältnisse, und trage sie ebenfalls in die Tabelle ein!
siehe Tabellen unten

Gericht A

Lebensmittel	Menge (g)	Kohlenhydrate (g)	Fett (g)	Proteine (g)	Vitamine (mg)	Mineralstoffe (mg)	Ballaststoffe (g)	Energie (kJ)
Spaghetti	120	90,2	1,4	15,6	74,7	232,3	0,4	1824
Hackfleisch	60	0	14,7	11,3	1,6	386,4	0	745,8
Tomatensoße	30	20,3	1,2	2,6	0	0	0	428,4
Summe	210	110,5	17,3	29,5	76,3	618,7	0,4	2998,2
Nährstoffverhältnis (%)		**70,2**	**11**	**18,8**				

Gericht B

Lebensmittel	Menge (g)	Kohlenhydrate (g)	Fett (g)	Proteine (g)	Vitamine (mg)	Mineralstoffe (mg)	Ballaststoffe (g)	Energie (kJ)
Bratwurst	120	0	43,2	15,2	4,4	799	0	1723
Pommes frites	70	25,2	10,8	3	16,6	890,5	1	945,7
Ketchup	20	4,8	0	0,4	0	0	0	87,2
Summe	210	30	54	18,6	21	1689,5	1	2755,9
Nährstoffverhältnis (%)		**29,3**	**52,6**	**18,1**				

Gestufte Hilfen:
Hilfe 1: Vorgabe des Tabellenrasters
Hilfe 2: Addiere zunächst für jedes der beiden Gerichte die Werte aller enthaltenen Nährstoffe. Berechne dann den prozentualen Anteil, den jeder der Nährstoffe an dieser Summe hat.
Hilfe 3: Die Summe aller enthaltenen Nährstoffe ergibt bei Gericht A 157,3 g und bei Gericht B 102,6 g. Berechne, wie viel Prozent die Masse jedes Nährstoffs an 157,3 g bzw. 102,6 g hat.
Hilfe 4: Die Berechnung der prozentualen Anteile erfolgt nach der Formel:

$$\frac{100 \cdot \text{Masse des Nährstoffes}}{\text{Summe der Masse aller Nährstoffe}}$$

D2 Bewerte die in D1 dargestellten Daten mit den Empfehlungen für ein ausgewogenes Nährstoffverhältnis!
Gericht A enthält 70,2 % Kohlenhydrate, 11 % Fett und 18,8 % Protein. Im Vergleich zu den Empfehlungen für ein ausgewogenes Nährstoffverhältnis sind das etwa 15 % mehr Kohlenhydrate, 19 % weniger Fett und etwa 4 % mehr Protein.

Bei *Gericht B* beträgt das Nährstoffverhältnis 29,3 % Kohlenhydrate, 52,6 % Fett und 18,1 % Protein. Im Vergleich zu den Empfehlungen für ein ausgewogenes Nährstoffverhältnis sind das etwa 26 % weniger Kohlenhydrate, 22 % mehr Fett und etwa 3 % mehr Protein.

Keines der beiden Gerichte entspricht also der Empfehlung für eine ausgewogene Ernährung. Bei Gericht A sind die Abweichungen vom empfohlenen Nährstoffverhältnis etwas geringer, sodass dieses gegenüber dem Gericht B als etwas ausgewogener zu bewerten ist.

Gestufte Hilfe: Vorgabe der bei D1 berechneten Werte.

D3 Ergänze die beiden Gerichte sinnvoll durch eine Nachspeise! Begründe!
Gericht A:
Bei diesem Gericht ist der Anteil an Kohlenhydraten zu hoch und der Anteil an Fett zu niedrig. Sinnvoll wäre eine Ergänzung durch Eiscreme, denn sie erhöht den Fettanteil. Allerdings erhöht die Eiscreme auch den Anteil an Kohlenhydraten.
Gericht B:
Bei diesem Gericht ist der Anteil an Kohlenhydraten zu niedrig und der Anteil an Fett zu hoch. Eine Ergänzung durch frische Erdbeeren wäre sinnvoll. Sie erhöhen den Kohlenhydratanteil, ohne eine weitere Erhöhung des Fettanteils zu bewirken.

Gestufte Hilfe: Überprüfe das jeweilige Verhältnis von Kohlenhydraten, Fetten und Proteinen.

Material E – Gesunde Ernährung

E1 Plane mithilfe dieser und der in Material D abgebildeten Nährwerttabelle eine Mahlzeit, in der die Nährstoffe in einem etwa ausgewogenen Verhältnis, 55 Prozent Kohlenhydrate, 30 Prozent Fette und 15 Prozent Protein, enthalten sind!
Beispiel: Kabeljau mit Reis, Karotten, Kopfsalat und Eiscreme.

Berechnung: siehe Tabelle 1

Tabelle 1: Berechnung zu Aufgabe E1

Lebensmittel	Menge (g)	Faktor für Nährwert tabelle	Kohlenhydrate (g)	Fett (g)	Proteine (g)	Summe
Fisch (Kabeljau)	130	1,3	0	0,4	22,1	22,5
Reis	100	1	75,4	2,2	7,4	85
Karotten	150	1,5	13,1	0,3	1,7	15,1
Butter	30	0,3	0,2	25	0,2	25,4
Summe Hauptgericht			88,7	27,9	31,4	148
%-Anteil			**59,9**	**18,9**	**21,2**	**100**
Kopfsalat	40	0,4	0,9	0,1	0,6	1,6
Olivenöl	15	0,15	0	14,9	0	14,9
Summe Salat			0,9	15	0,6	16,5
Summe Hauptgericht			88,7	27,9	31,4	148
Summe Hauptgericht mit Salat			89,6	42,9	32	164,5
%-Anteil			**54,5**	**26,1**	**19,4**	**100**
Eiscreme	125	1,25	26,3	13,9	5,6	45,8
Summe Hauptgericht mit Salat			89,6	42,9	32	164,5
Summe Mahlzeit			115,9	56,8	37,6	210,3
%-Anteil			**55,1**	**27**	**17,9**	**100**

Gestufte Hilfe: Gehe folgendermaßen vor:
1. Betrachte die in den Tabellen aufgelisteten Lebensmittel.
2. Suche ein Hauptgericht mit Beilage heraus, das du gerne isst.
3. Überlege, welche Menge du davon essen möchtest.
4. Berechne den Gehalt an Kohlenhydraten, Fett und Proteinen, indem du die Tabellenwerte, die den Gehalt in 100 g eines Lebensmittels angeben, mit entsprechenden Faktoren multiplizierst.
5. Berechne das Nährstoffverhältnis in Prozent. 100 Prozent = die Summe der Mengen der drei Nährstoffe.
6. Ergänze die Mahlzeit durch einen Salat und Nachtisch so, dass du einem ausgewogenen Nährstoffverhältnis näher kommst.

E2 Ermittle, wie viel Vitamine, Mineralstoffe und Ballaststoffe deine Mahlzeit enthält!
Beispiel: siehe E1
Berechnung: siehe Tabelle 2 unten

E3 Erstelle einen Einkaufszettel der für deine Mahlzeit notwendigen Lebensmittel und gib jeweils an, worauf du beim Kauf achten solltest!
Einkaufszettel für das Beispiel aus E1 und E2:
Kabeljau – Er sollte sehr frisch sein. Deshalb sollte man Fisch in einem Fischgeschäft oder an einem Fischstand auf dem Wochenmarkt einkaufen und am gleichen Tag zubereiten.
Reis – Er sollte möglichst nicht vorbehandelt, also naturbelassen sein, und ohne chemischen Düngemittel und Pflanzenschutzmittel angebaut worden sein. Es sollte eine Sorte sein, die zu Fisch passt, zum Beispiel Langkornreis. Milchreis, Sushi-Reis oder Risotto-Reis wären für diese Mahlzeit nicht geeignet.
Karotten – Sie sollten ohne chemischen Düngemittel und Pflanzenschutzmittel angebaut worden sein und möglichst von einem lokalen Erzeuger stammen.
Butter – Sie sollte möglichst von einem lokalen Erzeuger und aus einer Tierhaltung stammen, in der die Kühe mit schadstofffreiem, frischem Futter gefüttert werden und keine Medikamente wie zum Beispiel Antibiotika bekommen.
Kopfsalat - vergleiche Karotten.
Olivenöl – Es sollte möglichst naturbelassen, ohne Konservierungsstoffe sein.
Eiscreme – Sie sollte nicht viele Zusatzstoffe enthalten, wie zum Beispiel Geschmacksstoffe, Farbstoffe und Konservierungsstoffe.

Material F – Vitamine und Mineralstoffe

F1 Stelle Vermutungen an, welche der abgebildeten Lebensmittel besonders vitamin- oder mineralstoffreich sind!
Mögliche Schülerantworten:
Vitaminreich: Bananen, Karotten, Radieschen
Mineralstoffreich: Vollkornbrot, Käse

F2 Recherchiere die Bedeutung, das Vorkommen und den täglichen Bedarf der Vitamine A, B, C, D, E und K! Erstelle eine Tabelle!
siehe Tabelle auf der nächsten Seite

Tabelle 2: Berechnung zu Aufgabe E2

Lebensmittel	Menge (g)	Faktor für Nährwerttabelle	Vitamine (mg)	Mineralstoffe (mg)	Ballaststoffe (g)
Kabeljau	130	1,3	5,5	865,8	0
Reis	100	1	6,9	631	0,7
Karotten	150	1,5	18,6	715,5	1,5
Butter	30	0,3	0,9	17,5	0
Kopfsalat	40	0,4	4,4	108	0,3
Olivenöl	15	0,15	2,1	0,5	0
Eiscreme	125	1,25	0	0	0
Summe Mahlzeit			**38,4**	**2338,3**	**2,5**

Vitamin	Bedeutung	Mangelerscheinung	Vorkommen	Tägl. Bedarf
Vitamin A	fördert Wachstum, normale Hautbildung, Aufbau des Sehpurpurs	Wachstumsstillstand, Verhornung der Haut, Nachtblindheit	Leber, Lebertran, Milch als Vorstufe (Provitamin A) in Karotten, Spinat, Petersilie	ca. 1,5 mg
Vitamin B_1	Enzymbestandteil, fördert den Kohlenhydrat- und Fettstoffwechsel sowie die Nerventätigkeit	Müdigkeit, Verdauungsstörungen, Beriberi (Krankheit, die auf einem Mangel an Vitamin B_1 beruht) Muskelschwund, Lähmungen, Herzversagen	Hefe, Getreidekeimen, Leber, Hülsenfrüchte, Milch, Eier	ca. 1 mg
Vitamin B_2	Enzymbestandteil, Hautschutz, fördert das Wachstum und die Bildung von Blutfarbstoffen und Enzymen	Wachstumsstillstand, Haut- und Schleimhauterkrankungen	Hefe, Getreidekeime, Schweinefleisch, Milch, Eier, Leber	ca. 2 mg
Vitamin C	Regelung des Wassergehalts der Zwischenzellsubstanz, verhindert Infektionen, Blutungen, aktiviert Enzyme	Frühjahrsmüdigkeit, Appetitilosigkeit, Infektionsanfälligkeit, Zahnfleischbluten, Skorbut (= Seefahrerkrankheit)	Hagebutten, Schwarze Johannisbeeren, Zitrusfrüchten, Paprika, Sauerkraut, Gemüse, Kartoffeln	ca. 75 mg
Vitamin D	Regelung des Kalzium- und Phosphathaushalts, Verkalkung der Knochen	Knochenerweichung und –verkrümmung, schlechte Zahnbildung, Rachitis	Lebertran, Hering, Leber, Nieren; in Pflanzen als Vorstufe (Provitamin D)	ca. 0,01 mg
Vitamin E	Anregung der Bildung von Hormonen, die auf die Geschlechtsorgane wirken,verhindert die Oxidation ungesättigter Fettsäuren	Leberverfettung, Muskelabbau, Fehlgeburten, Hodenverkrümmung	Getreidekeime, Erdnussöl, Olivenöl, Margarine	ca. 25 bis 30 mg
Vitamin K	Wirkstoff bei der Blutgerinnung	Verzögerte Blutgerinnung, Blutungen in Organen	Spinat, Grünkohl, Gemüse, Kartoffeln	ca. 1 mg

F3 Recherchiere, welche Bedeutung die Mineralstoffe Natrium, Kalium, Kalzium, Eisen und Phosphat im Körper haben!

Mineralstoff	Bedeutung	Mangelerscheinung	Vorkommen	Tägl. Bedarf
Natriumionen, Na^+	Aufrechterhaltung des osmotischen Drucks der extrazellulären Flüssigkeit, Nerven- und Muskeltätigkeit, Salzsäurebildung im Magen	Übelkeit, Erbrechen, Muskelkrämpfe, Blutdruckabfall	Kochsalz	ca. 3-6 g
Kaliumionen, K^+	Aufrechterhaltung des osmotischen Drucks der intrazellulären Flüssigkeit, Nerven- und Muskeltätigkeit, Herzfunktion	Übelkeit, Erbrechen, Muskelschwäche, Störungen der Herzfunktion	Pflanzliche Nahrungsmittel	ca. 3 g
Calciumionen, Ca^{2+}	Knochenaufbau, Zähne, Nerven-, Muskel- und Herztätigkeit, Blutgerinnung	Unzureichende Skelettverknöcherung, Muskelkrämpfe	Milchprodukte, Eigelb, grünes Gemüse	ca. 1 -2 g
Eisenionen, Fe^{2+}, Fe^{3+}	Bestandteil des roten Blutfarbstoffs, Sauerstofftransport	Blutarmut, Erschöpfung, Kopfschmerzen	Fe^{2+} in Leber, Fleisch, Fisch, Fe^{3+} in Samen, Hülsenfrüchten, Obst und Gemüse	ca. 15 mg
Phosphationen, PO_4^-	Knochenaufbau, Bildung lebenswichtiger Moleküle: Nukleotide (DNA, RNA) Energieüberträger ATP	Knochenerweichung,	Milchprodukte, Hülsenfrüchten, Fleisch	ca. 1,5 g

F4 Überprüfe deine Vermutungen aus F1 anhand der Ergebnisse von F2 und F3!

individuelle Schülerlösung.

Je nachdem, welche Vermutungen in F1 angestellt wurden, werden diese anhand der recherchierten Informationen bestätigt oder widerlegt. Die Lebensmittel sind folgendermaßen einzuordnen:

Vitaminreich: Radieschen > Kartoffeln > Karotten, Bananen > Lachs > Vollkornbrot > Linsen > Kidney-Bohnen > Käse

Mineralstoffreich: Käse > Linsen > Vollkornbrot > Lachs > Kidney-Bohnen > Kartoffeln > Karotten > Bananen > Radieschen

Zusatzinformation: Der Vitamin- und Mineralstoffgehalt in 100 g Lebensmittel beträgt:

Vitamingehalt: Radieschen (27,6 mg) > Kartoffeln (22,6 mg) > Karotten, Bananen (12,4 mg) > Lachs (8,9 mg) > Vollkornbrot (3,7 mg) > Linsen (2,9 mg) > Kidney-Bohnen (2,0 mg) > Käse (Gouda, 1,6 mg).

Mineralstoffgehalt: Käse (Gouda, 2237 mg) > Linsen (1307 mg) > Vollkornbrot (792 mg) > Lachs (732 mg) > Kidney-Bohnen (623 mg) > Kartoffeln (591 mg) > Karotten (477 mg) > Bananen (455 mg) > Radieschen (330 mg).

Material G – Lebensmittelsiegel

G1 Recherchiere, welche Bedeutung ein Fairtrade-Aufkleber auf Bananen hat!

Fairtrade bedeutet fairer Handel. Den Erzeugern wird ein angemessener, gerechter Preis für ihre Produkte bezahlt. Dieser sollte die Herstellungskosten für das Produkt und die Lebenshaltungskosten der Erzeuger decken. Die Erzeuger sollen dadurch auch bei niedrigeren Marktpreisen ein verlässlicheres Einkommen bekommen als sie bei dem herkömmlichen Handel erwirtschaften könnten.

G2 Recherchiere, was das MSC-Siegel auf einer Packung Tiefkühllachs über die Haltungs- oder Fangbedingungen der Fische aussagt!

MSC ist die Abkürzung für Marine Stewardship Council, eine private Organisation, die sich für eine nachhaltige und ökologische Fischerei einsetzt.

Nachhaltigkeit bedeutet, dass nicht mehr Fische gefangen werden sollen, als durch Jungtiere wieder ersetzt werden können, sodass die Fischbestände erhalten bleiben. Außerdem sollen beim Fang die negativen Auswirkungen auf das Ökosystem so gering wie möglich gehalten werden. Zum Beispiel sollen keine Grundschleppnetze verwendet werden.

Das MSC-Siegel auf einer Packung Tiefkühllachs bedeutet, dass es sich nicht um Lachs aus einer Aquakultur, sondern um Wildlachs handelt, der nach den Kriterien des MSC gefangen wurde. Wildlachs ohne dieses Siegel sollte man nicht kaufen, da diese Fischart vom Aussterben bedroht ist.

Essstörungen

Seite 76–78

1 Vergleiche zwei Essstörung miteinander!
Beispiel: Vergleich von Magersucht (Anorexia nervosa) und Ess-Brech-Sucht (Bulimie)
Gemeinsamkeiten: Ursachen sind seelische Probleme. Es entstehen bei beiden Essstörungen Teufelskreise, aus denen die Betroffenen ohne Hilfe nicht ausbrechen können.
Unterschiede:
- Ausgangspunkt bei der Magersucht ist eine falsche Wahrnehmung des eigenen Körpers und die Angst dick zu werden. Bei der Ess-Brech-Sucht dient übermäßiges Essen als Ausgleich von unangenehmen Gefühlen oder seelischen Problemen.
- Bei der Magersucht wird die Kontrolle des Essens und die Gewichtskontrolle zum Lebensmittelpunkt. Es wird immer weniger gegessen. Bei der Ess-Brech-Sucht werden immer größere Nahrungsmengen in Heißhungerattacken aufgenommen und wieder erbrochen.
- Die Magersucht ist für die Mitmenschen mit der Zeit erkennbar, weil eine sichtbare Abmagerung erfolgt.
  Die Ess-Brech-Sucht ist für die Mitmenschen nicht sofort erkennbar, weil die Ess-Brech-Attacken meist heimlich stattfinden und die Betroffenen ein normales Körpergewicht aufweisen.
- Magersucht führt bei nicht rechtzeitiger ärztlicher Behandlung zum Tod. Die körperlichen Folgen der Ess-Brech-Sucht sind Kreislauf- und Verdauungsstörungen sowie Schädigungen des Magens und der Speiseröhre.

Vergleich von Ess-Brech-Sucht (Bulimie) und Fettleibigkeit (Adipositas): siehe Lösung zu Aufgabe C2 Seite 79.

Seite 79 (Material)

Material A – Essstörungen

A1 Beschreibe die Szenen der Abbildungen A und B, und benenne die jeweils dargestellte Essstörung!
Abbildung A
Im Bild links oben sieht man eine Frau, die an einem Tisch vor einem Teller mit Essen sitzt. Ihre Körperhaltung und ihre Hände weisen darauf hin, dass sie das Essen ablehnt.
Ein Pfeil verbindet dieses Bild mit dem Bild rechts unten. Dieses zeigt dieselbe Frau, wie sie sich in einem Spiegel betrachtet. Obwohl sie tatsächlich sehr dünn ist, sieht sie sich im Spiegel ziemlich dick.
Die beiden Szenen der Abbildung A zeigen die Magersucht, auch Anorexie genannt.
Abbildung B
Im Bild links oben sieht man eine Frau vor einem geöffneten Kühlschrank stehen. Der Kühlschrank ist mit Lebensmitteln gefüllt, und die Frau isst die Lebensmittel direkt aus dem Kühlschrank heraus.
Ein Pfeil verbindet dieses Bild mit dem Bild rechts unten. Dort kniet dieselbe Frau neben einer Toilettenschüssel und erbricht das aus dem Kühlschrank Gegessene.
Die beiden Szenen der Abbildung B zeigen die Ess-Brecht-Sucht, auch Bulimie genannt.

A2 Beschreibe mögliche Ursachen und Folgen dieser beiden Essstörungen!
Magersucht:
Ursachen der Magersucht sind seelische Probleme. Zum Beispiel kann der Wunsch, dem gesellschaftlichen Schönheitsideal perfekt zu entsprechen, Mädchen im Alter zwischen 13 und 18 Jahren so stark unter Druck setzen, dass sie durch Diäten und übertriebene sportliche Aktivitäten jegliche Gewichtszunahme vermeiden. Das Bedürfnis der vollkommenen Kontrolle über den eigenen Körper kann dabei zu einer falschen Wahrnehmung des eigenen Körpers führen, indem man sich als zu dick wahrnimmt, tatsächlich aber immer dünner wird.
Die Folgen sind starkes Untergewicht, Muskel- und Kreislaufschwäche. Außerdem stellen sich Haarausfall und Störungen des Hormonhaushaltes ein, der bei Frauen zum Ausbleiben der Regelblutung führt. Die Magersucht kann zum Tod führen.
Ess-Brech-Sucht:
Ursachen der Ess-Brech-Sucht sind ebenfalls seelische Probleme. Dabei wird zum Beispiel versucht, unangenehme Gefühle oder Stress durch Essattacken zu verdrängen, bei denen große Mengen an Lebensmittel in kurzer Zeit verzehrt und anschließend wieder erbrochen werden.
Die körperlichen Folgen sind Kreislauf- und Verdauungsstörungen sowie Schädigungen der Magenschleimhaut und der Speiseröhre.

Gestufte Hilfe: Vorgabe der Bezeichnungen für beide Formen der Essstörung.

Zusatzinformation: Die Ursachen für die hier genannten Essstörungen sind tatsächlich vielfältiger als in den Lösungsvorschlägen beschrieben. Die Vorschläge wurden auf die aus dem Text entnehmbaren Ursachen reduziert. Ursachen für die Magersucht können auch in Konflikten in der Familie oder in der Mutter-Kind-Beziehung begründet sein. Auch bei der Ess-Brech-Sucht können die Ursachen familiärer Art sein. Zum Beispiel kann der Stress, der zu Essattacken führt, in zu hohen Leistungsansprüchen der Eltern oder in deren Trennung bestehen. Auch sexueller Missbrauch kann eine Ursache für die Ess-Brech-Sucht sein.
Umfangreiche Informationen finden sich in der Broschüre „Essstörungen – Leitfaden für Eltern, Angehörige und Lehrkräfte", Bundeszentrale für gesundheitliche Aufklärung (BZgA), 127 Seiten. Die Broschüre kann auf der

Homepage der BZgA bestellt oder als PDF-Datei heruntergeladen werden.

A3 Stelle die Teufelskreise der beiden Essstörungen in Form eines kreisförmigen Pfeildiagramms und einzelnen Begriffen zwischen den Pfeilen dar!

Magersucht:

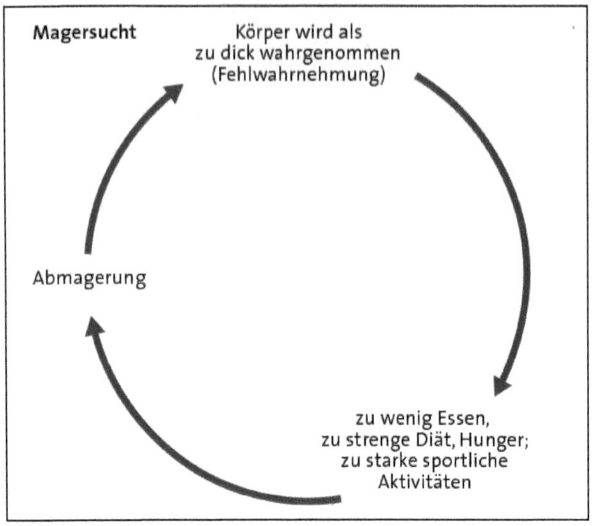

Gestufte Hilfen:
Hilfe 1: Vorgabe des Begriffs „Abmagerung" mit abgehenden und zuführenden Pfeilen
Hilfe 2: Vorgabe eines Rohschemas der kreisförmig angeordneten Pfeile

Ess-Brech-Sucht:

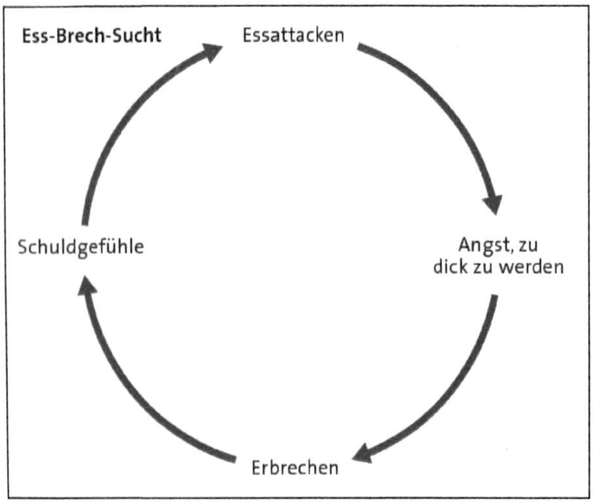

Gestufte Hilfen:
Hilfe 1: Vorgabe des Begriffs „Essattacken" mit abgehenden und zuführenden Pfeilen.
Hilfe 2: Vorgabe eines Rohschemas der kreisförmig angeordneten Pfeile und der Begriffe des Pfeilschemas in ungeordneter Reihenfolge.

Material B – Body Mass Index

B1 Nenne mithilfe der beiden Diagramme die unteren und oberen BMI-Werte für das Normalgewicht eines neun- und vierzehnjährigen Jungen und Mädchens!

Jungen
Neunjährig: unterer BMI-Wert = 14,5, oberer BMI-Wert = 19,5
Vierzehnjährig: unterer BMI-Wert = 17, oberer BMI-Wert = 23,5
Mädchen
Neunjährig: unterer BMI-Wert = 14, oberer BMI-Wert = 20
Vierzehnjährig: unterer BMI-Wert = 16,5, oberer BMI-Wert = 24

B2 Ermittle deinen eigenen BMI-Wert und bewerte dein Gewicht!

Beispiel: Vierzehnjähriges Mädchen, Körpergewicht = 50 kg, Körpergröße = 1,55 m
BMI = 50 kg : $(1{,}55\,m)^2$ = 20,8 kg/m^2.
Dieser BMI-Wert befindet sich im mittleren Bereich des Normalgewichtes.

Gestufte Hilfe: Nimm zur Bewertung das Diagramm im Lehrbuch zur Hilfe.

Material C – Fettleibigkeit

C1 Beschreibe die mit A gekennzeichnete Ursache für Fettleibigkeit! Nenne noch drei weitere Ursachen!

Bei A sieht man einen Mann, der in einem Sessel vor einem Fernsehgerät sitzt. Dieses Bild weist auf Bewegungsmangel als Ursache für die Fettleibigkeit hin.
Weitere Ursachen können erbliche Faktoren, zu hohe Nahrungszufuhr, zum Beispiel aufgrund seelischer Probleme, Krankheiten sowie zu viel Fett und Kohlenhydrate in der Nahrung sein.

C2 Vergleiche die Fettleibigkeit mit der Bulimie!

Gemeinsamkeiten
- Ursachen sind häufig seelische Probleme.
- Es entsteht ein Teufelskreis, in dem Schuldgefühle den erneuten Auslöser für die zu hohe Nahrungszufuhr oder die Essattacken darstellen.

Unterschiede
- Bei der Fettleibigkeit werden ständig über den ganzen Tag verteilt zu große Mengen gegessen. Bei der Bulimie finden häufige Essattacken statt, bei denen in kurzer Zeit sehr viel gegessen und anschließend wieder erbrochen wird.
- Bei der Fettleibigkeit findet eine ständige Gewichtszunahme statt, sodass sich ein BMI deutlich über dem Normalgewicht einstellt. Bulimie-Kranke haben dagegen meistens ein normales Gewicht.

- Fettleibigkeit kann in der Öffentlichkeit nicht verborgen werden, während Bulimie in der Öffentlichkeit nicht auffällt, da die Essanfälle heimlich stattfinden.
- Die körperlichen Folgen sind bei der Fettleibigkeit vor allem Bluthochdruck, Diabetes und Wirbelsäulenprobleme, bei der Bulimie Kreislauf- und Verdauungsstörungen sowie Schädigungen der Magenschleimhaut und der Speiseröhre.

Gestufte Hilfe: Nenne Gemeinsamkeiten und Unterschiede.

2 Atmung, Blut und Kreislaufsystem

Lunge – Atmung und Gasaustausch

Seite 80–83

1 Vergleiche die Bewegungen bei der Brust- und Bauchatmung!

Gemeinsamkeit:
Durch die Bewegungen wird sowohl bei der Brust- als auch bei der Bauchatmung der Rauminhalt, das Volumen, des Brustraums verändert.

Unterschiede:
Brustatmung: Beim Einatmen zieht sich die Zwischenrippenmuskulatur zusammen. Dadurch heben sich die Rippen, sodass sie weniger schräg verlaufen. Das hat eine Erweiterung des Brustkorbs zur Folge.
Beim Ausatmen erschlafft die Zwischenrippenmuskulatur und die Elastizität des Brustkorbs lässt die Rippen in die schräg nach unten gerichtete Stellung zurücksinken. Dadurch verringert sich der Raum, den der Brustkorb umschließt.
Bauchatmung: Beim Einatmen ziehen sich die Muskeln des Zwerchfells zusammen. Dadurch wird die kuppelförmige Wölbung des Zwerchfells flacher und es senkt sich in Richtung Bauchraum ab. Das hat eine Erweiterung des Brustraums nach unten zur Folge. Beim Ausatmen drücken die Eingeweide des Bauches das Zwerchfell wieder in seine ursprüngliche Stellung zurück. Dadurch wird der Brustraum wieder kleiner.

2 Stelle in einem Pfeildiagramm den Weg dar, den ein Sauerstoffteilchen von der Luft in der Nase bis ins Blut nimmt!

Nase → Rachen → Kehlkopf → Luftröhre → Bronchien → Bronchiolen → Lungenbläschen → Kapillaren der Lunge → Lungenvene

Gestufte Hilfe: Begriffe in ungeordneter Reihenfolge vorgeben.

Hinweis: Zur Vernetzung mit anderen Themen wäre hier eine Erweiterung der Aufgabe sinnvoll, in der man den Transport bis in die Muskelzellen erwartet.

3 Beschreibe den Zusammenhang von Struktur und Funktion am Beispiel der Lungenbläschen!

Die Lungenbläschen sind so gebaut, dass in kurzer Zeit viel Sauerstoff an das Blut abgegeben und viel Kohlenstoffdioxid in die Luft aufgenommen werden kann.
Die Wände der Lungenbläschen und der sie umgebenden Lungenkapillaren sind sehr dünn, sodass die Gase leicht hindurchwandern können.
Die Lungenbläschen sind klein und in sehr großer Anzahl vorhanden. Dadurch bilden sie eine sehr große Gesamtoberfläche, an der in kurzer Zeit sehr viel Sauerstoff und Kohlenstoffdioxid ins Blut beziehungsweise in die Luft übertreten können.
Die Lungenkapillaren sind ebenfalls in sehr großer Anzahl vorhanden. Auch sie bilden dadurch eine sehr große Oberfläche, an der der Gasaustausch in kurzer Zeit stark ablaufen kann.
Die Lungenkapillaren liegen den Lungenbläschen sehr eng an. Dadurch ist der Weg, den der Sauerstoff und das Kohlenstoffdioxid nehmen müssen, sehr kurz, sodass der Gasaustausch sehr schnell vonstattengehen kann.

4 Erkläre mithilfe der Abbildung 06 die Wirkung des Tabakrauchs!

In der Abbildung sind die Stellen gekennzeichnet, an denen Wirkungen des Nikotins und der Teerstoffe auftreten.
Nikotin ist ein starkes Nervengift, das schnell Veränderungen im Gehirn herbeiführt. Der Raucher wird süchtig. Wird die Sucht nicht gestillt, entstehen körperliche Entzugserscheinungen, aber auch Gereiztheit und Konzentrationsstörungen. Die giftige Wirkung auf das Nervensystem zeigt sich unter anderem an zitternden Händen.
Nikotin verengt die Blutgefäße. Dadurch steigen der Blutdruck und der Puls. Infolgedessen verengen sich häufig die Blutgefäße. Das kann zu gefährlichen Veränderungen des Herzens führen, aber auch zu Durchblutungsstörung in den unteren Bereichen der Beine. Die mangelhafte Durchblutung kann so stark sein, dass Gewebe abstirbt.
Neben Nikotin sind im Tabak die schädlichen Teerstoffe enthalten. Sie lagern sich beim Rauchen in der Lunge ab, verkleben die Flimmerhärchen und erschweren somit die Atmung. Oft entsteht Raucherhusten und die körperliche Leistungsfähigkeit nimmt ab. Da Teerstoffe krebserregend wirken, erhöht Rauchen das Krebsrisiko aller Organe des Atmungstraktes.

Seite 84–85 (Material)

Material A – Atembewegungen

A1 Vergleiche den Zustand des Brustkorbs bei A und B!

Bei A ist der Brustkorb enger und schmaler als bei B. Die Rippen sind stärker schräg nach unten gerichtet als bei B.

A2 Beschreibe, wie sich A in den bei B dargestellten Zustand ändert!
Der Zustand des Brustkorbs bei A ändert sich in den bei B, wenn sich die Zwischenrippenmuskulatur zusammenzieht. Dadurch werden die Rippen gehoben.

A3 Vergleiche die beiden Tabellen!
In der Tabelle 1 ist der Sauerstoffgehalt der Luft geringer (17 Prozent) als in Tabelle 2 (21 Prozent), der Gehalt an Kohlenstoffdioxid ist höher (4 Prozent) als in Tabelle 2 (0,03 Prozent). Der Gehalt an Stickstoff und an den anderen Gasen ist in beiden Tabellen gleich.

A4 Ordne die Tabellen den Abbildungen des Brustkorbs zu! Begründe die Zuordnung!
Tabelle 1 – Abbildung A
Tabelle 2 – Abbildung B
Begründung: Tabelle 1 gibt die Zusammensetzung der Luft in der Luftröhre an, die ausgeatmet wird; Tabelle 2 zeigt die eingeatmete Luft. Die ausgeatmete Luft hat in der Lunge einen Teil ihres Sauerstoffs abgegeben und Kohlenstoffdioxid aufgenommen. Daher ist der Sauerstoffgehalt von 21 Prozent auf 17 Prozent gesunken und der Gehalt an Kohlenstoffdioxid von 0,03 Prozent auf 4 Prozent gestiegen.
Beim Ausatmen wird der Raum des Brustkorbs kleiner, beim Einatmen größer. Der enge und schmale Brustkorb mit den schräg nach unten weisenden Rippen umschließt einen kleineren Raum als der weite Brustkorb in Abbildung B. Abbildung A zeigt daher den Brustkorb, wenn der Mensch ausatmet; B, wenn er einatmet. Daher muss Tabelle 1 (ausgeatmete Luft) der Abbildung A und Tabelle 2 (eingeatmete Luft) der Abbildung B zugeordnet werden.

Gestufte Hilfen:
Hilfe 1: Berücksichtige bei der Zuordnung vor allem die Werte für Sauerstoff und Kohlenstoffdioxid.
Hilfe 2: Stelle zunächst fest, welche der Abbildungen des Brustkorbs den Zustand während der Ein- beziehungsweise der Ausatmung darstellt. Überlege dann, wie hoch der Gehalt an Sauerstoff beziehungsweise Kohlenstoffdioxid ist, wenn von außen kommenden Luft durch die Luftröhre in die Lunge strömt beziehungsweise wenn Luft aus der Lunge in Richtung Mund und Nase strömt.
Hilfe 3: Tabelle 1 gibt die Werte bei der Ausatmung an, Tabelle 2 bei der Einatmung.

A5 Beschreibe die Vorgänge, die zu den in den Tabellen dargestellten Unterschieden führen!
In den Lungenbläschen wandert ein Teil des Sauerstoffs aus der Luft durch die Wände der Lungenbläschen und der daran angrenzenden Kapillaren in das Blut über. Auf dem gleichen Weg tritt Kohlenstoffdioxid aus dem Blut in die Luft der Lungenbläschen über. Dadurch verliert die Luft Sauerstoff und reichert sich mit Kohlenstoffdioxid an.

Gestufte Hilfe: Berücksichtige dabei vor allem die Vorgänge, die in den Lungenbläschen ablaufen.

Material B – Luftmengen in der Lunge

B1 Ermittle mithilfe der Grafik die Luftmenge, die bei ruhendem Körper mit einem Atemzug aufgenommen wird und die Luftmenge, die maximal aufgenommen werden kann!
Bei ruhendem Körper nimmt die Lunge mit einem Atemzug 0,5 Liter Luft auf. Maximal kann sie mit einem Atemzug 3,5 Liter Luft aufnehmen.

Gestufte Hilfe: Suche in der Grafik zunächst den Wert für den Ruhezustand, der angibt, wie viel Luft nach der Ausatmung in der Lunge vorhanden ist (2,5 l).

B2 Ermittle die Luftmenge, die bei ruhendem Körper in die Lunge aufgenommen wird: pro Minute, pro Stunde und pro Tag!
Pro Minute: Der Grafik ist zu entnehmen, dass der Mensch für einen Atemzug etwa 4 Sekunden benötigt. Eine Minute hat 60 Sekunden. Er atmet also in einer Minute 15-mal (60 : 4 = 15). Bei jedem Atemzug nimmt er 0,5 Liter Luft auf.
Daher: 15 · 0,5 l = 7,5 l
Der Mensch nimmt pro Minute 7,5 Liter Luft auf.

Pro Stunde: 60 · 7,5 l = 450 l
Der Mensch nimmt pro Stunde 450 Liter Luft auf.

Pro Tag: 24 · 450 l = 10 800 l
Der Mensch nimmt pro Tag 10 800 Liter Luft auf.

Gestufte Hilfen:
Hilfe 1: Stelle zunächst fest, wie viel Sekunden ein Atemzug dauert. Lese dazu ab, wie viel Zeit zwischen zwei aufeinanderfolgenden höchsten Punkten der grün gezeichneten Kurve vergeht.
Hilfe 2: Ein Atemzug dauert vier Sekunden. Berechne zunächst, wie viele Atemzüge in einer Minute gemacht werden. Multipliziere diese Zahl der Atemzüge mit dem bei B1 berechneten Wert.

B3 Ein Schwimmer benötigt etwa 45 Liter Luft pro Minute. Beschreibe, wie sich die Grafik ändert, wenn die Atmung des Schwimmers dargestellt wird!
Der Schwimmer atmet häufiger und die bei einem Atemzug aufgenommene Luftmenge ist größer. Im rechten

Bereich der Grafik (normale Atmung) werden die Wellen schmaler, sie folgen in kürzerer Zeit aufeinander. Außerdem werden sie höher, da die pro Atemzug aufgenommene Luftmenge größer ist.

Gestufte Hilfe: Berücksichtige dabei sowohl den Ausschlag der Kurven nach oben und unten als auch die Häufigkeit der Ausschläge.

B4 Die Leistungsfähigkeit einer Lunge kann als die Luftmenge angegeben werden, die ein Mensch maximal bei einem Atemzug ausatmen kann. Ermittle diesen Wert mithilfe der Grafik!

Zur Berechnung muss man die Luftmengen, die der Mensch maximal einatmen kann (3,5 l) zu der Menge addieren, die er maximal ausatmen kann (1,2 l).

Daher: 3,5 l + 1,2 l = 4,7 l

Der Mensch kann bei einem Atemzug maximal 4,7 Liter Luft ausatmen.

Gestufte Hilfe: Berücksichtige die Maximalwerte der Grafik für die Ein- und Ausatmung.

Zusatzinformation: Bei den angegebenen Daten handelt es sich um Durchschnittswerte der Bevölkerung. Der Wert gibt die Vitalkapazität an. Er kann je nach Körpergröße, Körpergewicht, Alter und Geschlecht von dem in der Aufgabe errechneten Wert (4,7 Liter) abweichen. Bei Spitzensportlern kann sie zum Beispiel sehr viel höher liegen, bis zu 7 Liter.

Material C – Kehlkopf

C1 Beschreibe die Aufgabe des Kehlkopfdeckels!

Der Kehlkopfdeckel verschließt beim Einatmen die Speiseröhre und gibt die Luftröhre frei. Dadurch ist gewährleistet, dass die Luft in die Lunge strömt und nicht in den Magen.

Beim Transport der Nahrung vom Mund in die Speiseröhre verschließt der Kehlkopfdeckel die Luftröhre. So verhindert er, dass die Nahrung in die Luftröhre gerät. Ein fehlerhafter Verschluss kann dazu führen, dass die Luftröhre verstopft, sodass der Mensch nicht mehr atmen kann.

C2 Um Laute beim Sprechen zu erzeugen, muss Luft durch die Stimmbänder im Kehlkopf strömen. Erkläre mithilfe der Abbildung, weshalb man beim Essen nicht reden sollte!

Beim Sprechen strömt Luft durch den Kehlkopf. Das ist nur möglich, wenn der Kehlkopfdeckel den Weg durch die Luftröhre frei gibt. Wenn man beim Essen spricht, besteht die Gefahr, dass Teile der Nahrung unbeabsichtigt durch den Rachen in die Nähe des Kehlkopfes und von dort in die offen liegende Luftröhre gelangen. Man verschluckt sich. In schweren Fällen kann das lebensgefährlich sein, weil wegen der verstopften Luftröhre keine Atmung mehr möglich ist.

Gestufte Hilfe: Vergleiche zunächst den Weg der Luft mit dem Weg der Nahrung im Rachen und Kehlkopf.

Material D – Teer im Zigarettenrauch

D1 Werte die Abbildungen aus!

Durch beide Papiertaschentücher wurde in einem Experiment Zigarettenrauch von einer Versuchsperson ausgeatmet.

Bei A wurde der Rauch nur bis in die Mundhöhle aufgenommen und dann durch das Tuch geblasen. Der Fleck ist etwas kleiner als bei B, aber sehr intensiv von den Inhaltsstoffen des Rauches gefärbt.

Bei B wurde der Rauch aus der Lunge kommend durch das Papiertaschentuch geblasen. Der Fleck ist etwas größer als bei A und wesentlich weniger intensiv gefärbt. Im Rauch waren weniger Inhaltsstoffe enthalten, die sich im Papiertaschentuch absetzen konnten. Die fehlenden Inhaltsstoffe im Vergleich zu A blieben beim Einatmen in der Lunge zurück und können dort und in anderen Organen zu Schäden und Erkrankungen führen.

D2 Erkläre die Wirkung des Teers!

Der Teer lagert sich auf den Oberflächen der Atmungsorgane, insbesondere der Lunge, ab. Er behindert die Funktion der Flimmerhärchen, sie verkleben. Dadurch wird die Selbstreinigung der Lunge erheblich eingeschränkt. Es entsteht Raucherhusten, und der Raucher wird immer weniger leistungsfähig. Die Teerstoffe lösen in den Geweben des Atmungstraktes, in der Nase, dem Kehlkopf, der Luftröhre und der Lunge, Krebs aus. Krebs kann durch die Teerstoffe aber auch in anderen Geweben und Organen entstehen, vor allem in den Lippen, der Zunge, der Speiseröhre und dem Magen.

Zusatzinformation: Wenn die Flimmerhärchen verklebt sind, können Schadstoffe des Zigarettenrauches, andere Schadstoffe, Staub, Viren und Mikroorganismen wie Pilzsporen oder krankmachende Bakterien nur noch schlecht aus der Lunge transportiert und abgehustet werden. Sie alle können länger wirken, besser in den Körper eindringen und Krankheiten oder Vergiftungen verursachen.

D3 Beschreibe eine Apparatur mit der man das Experiment zur Abbildung A auch ohne eine Versuchsperson durchführen könnte!

Die zu testende Zigarette könnte mit dem Filterstück in einen Schlauch gesteckt werden. Dieser Schlauch ist mit einem Glasrohr verbunden, das mit Watte als Filtersubstanz gefüllt ist. Ein weiterer Schlauch verbindet das Glasrohr mit einer Apparatur, die einen Sog erzeugt.

Gestufte Hilfen:
Hilfe 1: Vorgabe, dass ein Gerät erforderlich ist, mit dem man einen Sog erzeugen kann..

Hilfe 2: Bereitstellen der nötigen Geräte für das Experiment.
Hilfe 3: Die Apparatur, mit der ein Sog erzeugt wird, könnte eine Wasserstrahlpumpe sein oder ein Kolbenprober. Auch eine große Spritze oder eine elektrisch angetriebene Pumpe wären geeignet.

Zusatzinformation: Sollte die Apparatur auch praktisch getestet werden, ist unter einem Abzug zu arbeiten (Jugendschutzgesetz).

Material E – Hauttemperatur und Puls beim Rauchen

E1 Werte die Wärmebilder aus!

Dargestellt sind die Wärmebilder der Hand eines Rauchers vor und nach dem Rauchen. Je mehr sich die Farben von Rot nach Blau verändern, umso kälter sind die Teile der Hand. Die Mittelhand ist bei beiden Bildern fast gleich warm. Lediglich der Ansatz der Finger ist nach dem Rauchen etwas kälter. Die Finger haben sich im zweiten Bild vor allem an den Spitzen sehr stark abgekühlt. Sie weisen nur noch eine hellblaue Färbung auf.
Das Nikotin im Tabakrauch verengt die Gefäße. Dadurch erhalten die betroffenen Körperteil weniger Blut und damit auch weniger Wärme. Die Finger haben eine große Oberfläche und kühlen daher am schnellsten ab, wenn die Wärmezufuhr geringer wird.

E2 Werte das Diagramm aus!

In dem Diagramm ist die Anzahl der Pulsschläge pro Minute in der Zeit vor, während und nach dem Rauchen dargestellt.
Vor Beginn des Rauchens liegt der Puls etwa bei 74 Schlägen. Mit dem Rauchen, zwischen der 10. und 15. Minute, beginnt die Anzahl der Pulsschläge erst langsam und dann immer schneller zu steigen. Das Maximum mit 88 Schlägen pro Minute wird in der 28. Minute erreicht. Danach sinkt die Häufigkeit der Pulsschläge wieder.
Der Anstieg der Anzahl der Pulsschläge wird durch das Nikotin in Rauch verursacht. Je mehr Nikotin nach Beginn des Rauchens aufgenommen wurde, umso schneller steigt sie. Nach dem Ende des Rauchens wird kein Nikotin mehr zugeführt, und es wird im Körper abgebaut. Dadurch sinkt seine Konzentration und damit auch die Anzahl der Pulsschläge.

E3 Erkläre Folgen für den Kreislauf, die sich aus E1 und E2 ergeben!

Nikotin verengt die Gefäße und erhöht die Anzahl der Herzschläge. Dadurch steigt der Blutdruck in den Gefäßen. Das erhöht die Gefahr stark, dass Blutgefäße verstopfen. Infolgedessen werden Gewebe oder Organteile nicht mehr oder zu wenig durchblutet, sodass sie absterben.
Zusatzinformation: Wenn die Gefäße im Kreislaufsystem schon geschädigt sind, zum Beispiel durch Arteriosklerose, wenn sie Engstellen aufweisen oder dünne, weniger stabile Stellen, ist die Gefahr besonders hoch, dass solche Gefäße durch ein Blutgerinnsel verstopfen oder platzen. Das Risiko eines Herzinfarktes oder Gehirnschlages steigt erheblich. Durchblutungsstörungen in den Gliedmaßen, vor allem in den Beinen können so stark sein, dass Amputationen erforderlich werden.

Material F – Warnhinweise auf Zigarettenpackungen

F1 Begründe die Berechtigung der einzelnen Warnhinweise!

„Rauchen führt zur Verstopfung der Arterien und verursacht Herzinfarkte und Schlaganfälle.“
Das im Tabakrauch enthaltene Nikotin verengt die Gefäße und erhöht die Anzahl der Herzschläge pro Minute. Das kann zu Durchblutungsstörungen führen. Wenn dadurch das Herz oder Teile des Gehirns nicht mehr ausreichend mit Blut versorgt werden können, kommt es zum Herzinfarkt beziehungsweise zum Gehirnschlag. Die Warnung auf den Zigarettenpackungen ist also berechtigt.

„Rauchen verursacht tödlichen Lungenkrebs.“
Die Teerstoffe des Rauches setzen sich in der Lunge ab. Weil der Teer die Flimmerhärchen verklebt, werden die Teerstoffe nur langsam aus der Lunge heraus transportiert. Sie können daher länger auf das Lungengewebe wirken. Alle Teerstoffe können Krebs auslösen. Im Laufe der Zeit wird die Entstehung von Lungenkrebs immer wahrscheinlicher.
Zusatzinformation: siehe auch Antwort zu D2.

„Rauchen in der Schwangerschaft schadet Ihrem Kind.“
In der Schwangerschaft steht das Blut des ungeborenen Kindes in der Plazenta in engem Kontakt mit dem Blut der Mutter. Daher gelangen Schadstoffe des Zigarettenrauches aus dem Blut der Mutter auch in das Blut des Kindes. Die Giftstoffe schädigen die Entwicklung des Kindes und machen es schon im Mutterleib nikotinabhängig.

„Schützen Sie Kinder – lassen Sie sie nicht Ihren Tabakrauch einatmen!“
In der Umgebung von Rauchern atmen alle, also auch Kinder, den Zigarettenrauch ein. Bereits geringere Schadstoffmengen in der Umgebungsluft können ein Kind krank machen oder seine Entwicklung hemmen. Die vielen Zellteilungen und die komplizierten Entwicklungsprozesse machen ein Kind für die Giftstoffe besonders empfindlich. Außerdem ist die Wirkung einer bestimmten Giftmenge auf einen kleinen Körper stärker als auf den großen Körper erwachsener Menschen.

„Rauchen kann tödlich sein.“
Die Folgen langjährigen Rauchens können zu tödlich verlaufenden Erkrankungen wie Herzinfarkt, Gehirnschlag oder Lungenkrebs führen.

Blut – Zusammensetzung und Aufgaben

Seite 88–90

1 Nenne die festen und flüssigen Bestandteile des Blutes!
Flüssige Bestandteile: Blutplasma
Feste Bestandteile: rote Blutzellen, weiße Blutzellen, Blutplättchen

2 Beschreibe den Zusammenhang zwischen Struktur und Funktion der roten Blutzellen!
Die roten Blutzellen haben die Form einer in der Mitte eingedellten Scheibe. Durch diese Form vergrößert sich die Oberfläche im Vergleich zu einer nicht eingedellten, flachen Scheibe. Über die so vergrößerte Oberfläche kann mehr Sauerstoff aufgenommen und abgegeben werden.
Die roten Blutzellen haben keinen Zellkern. Der Platz, den der Zellkern einnehmen würde, ist mit Hämoglobin gefüllt. Auf diese Weise kann eine rote Blutzelle mehr Hämoglobin enthalten und so mehr Sauerstoff transportieren.

3 Stelle die Unterschiede zwischen roten und weißen Blutzellen in Form einer Tabelle dar! Berücksichtige dabei ihre Form, Größe, Anzahl und Aufgabe!

	rote Blutzellen	weiße Blutzellen
Form	Scheiben, die in der Mitte eingedellt sind	kugelig
Größe	7 Mikrometer Durchmesse	10 Mikrometer Durchmesser
Anzahl	etwa 5 Milliarden in 1 Milliliter Blut	etwa 5 bis 8 Millionen in einem Milliliter Blut
Aufgaben	Transport von Sauerstoff	Abwehr von Krankheitserregern und Fremdkörpern

4 Ermittle die Anzahl der roten Blutzellen, die in fünf Litern Blut enthalten sind!
In 1 Milliliter Blut befinden sich etwa 5 Milliarden = 5 000 000 000 rote Blutzellen.
In 1000 Milliliter Blut befinden sich 5 Billionen = 5 000 000 000 000 rote Blutzellen.
In 5 Liter Blut befinden sich 5 mal 5 000 000 000 000 = 25 Billionen rote Blutzellen.
Die Anzahl der roten Blutzellen in fünf Litern Blut beträgt also 25 Billionen.

Gestufte Hilfe: 1 l entspricht 1 000 ml.

5 Stelle den Vorgang der Blutgerinnung als Pfeildiagramm dar!
Verletzung → Aufreißen der Blutplättchen → Freisetzen bestimmter Stoffe → Umwandlung eines im Blutplasma enthaltenen Proteins → Bildung von Fibrin → Verfangen von roten Blutzellen im Fibrinnetz

Gestufte Hilfe: Vorgabe der Begriffe in ungeordneter Reihenfolge

6 Erkläre die Bedeutung der Blutgerinnung!
Die Blutgerinnung sorgt für den Verschluss von Wunden. Dadurch werden Blutungen gestoppt, sodass der Blutverlust meistens gering bleibt. Bei einem Verlust von mehr als einem Liter Blut besteht Lebensgefahr.

Seite 91 (Material)

Material A – Blutspende

A1 Erkläre, weshalb zwei Blutspenden nicht zu dicht aufeinanderfolgen dürfen!
Die entnommene Menge Blut, vor allem die fehlenden Blutzellen, müssen ersetzt werden. Die Neubildung der Blutzellen braucht eine gewisse Zeit. Bei zu rascher neuer Blutspende könnte die Menge der Blutzellen so stark absinken, dass gesundheitliche Schäden möglich werden.

A2 Stelle Vermutungen an, weshalb nicht jeder Mensch Blut spenden kann!
Da ein Blutverlust die Leistungsfähigkeit einschränkt und um gesundheitliche Risiken sowohl für den Spender als auch für den Empfänger zu vermeiden, können zum Beispiel folgende Personengruppen kein Blut spenden:
- Menschen, die Krankheitserreger im Blut haben, da die Erreger durch eine Blutspende in den Körper des Empfängers gelangen können,
- Menschen, die unter Blutarmut leiden,
- Menschen, die zu alt oder zu jung sind,
- Menschen, die nach einer Krankheit, nach einer medizinischen Behandlung oder nach einer Operation geschwächt sind und sich in der Erholungsphase befinden.

A3 Erkläre, weshalb die körperliche Leistungsfähigkeit kurz nach einer Blutspende herabgesetzt ist!
Wenn rote Blutzellen fehlen, ist die Sauerstoffversorgung des Körpers geringer. Das ist der Grund für die herabgesetzte körperliche Leistungsfähigkeit.

Gestufte Hilfe: Begründe über den Verlust der roten Blutzellen.

Material B – Blutbestandteile

B1 Nenne für jede Person den Bestandteil des Blutes, dessen Wert vom normalen Zustand abweicht!
Person A: Es gibt keine Unterschiede, alle Werte sind normal.
Person B: Die Anzahl der weißen Blutzellen ist deutlich geringer.
Person C: Die Anzahl roten Blutzellen ist deutlich geringer.
Person D: Die Anzahl der Blutplättchen ist deutlich geringer.

B2 Beschreibe die Schwierigkeiten, mit denen die Personen B, C und D zu kämpfen haben! Begründe jeweils mithilfe der Tabelle!
Person B: Diese Person hat Probleme bei der Immunabwehr, weil die hierfür verantwortlichen weißen Blutzellen in zu geringer Zahl vorhanden sind.
Person C: Diese Person hat Probleme mit ihrer körperlichen Leistungsfähigkeit, weil die roten Blutzellen, die Sauerstoff transportieren, in zu geringer Zahl vorhanden sind.
Person D: Diese Person hat Probleme bei der Blutgerinnung, weil die hierfür verantwortlichen Blutplättchen in zu geringer Anzahl vorhanden sind.

Material C – Bluterkrankheit

C1 Nenne Bestandteile des Blutes, die an der Blutgerinnung beteiligt sind!
Blutplättchen, ein bestimmtes im Blutplasma enthaltenes Protein

C2 Erkläre, weshalb die Krankheit so gefährlich ist!
Das Blut von Bluterkranken kann Wunden nicht schließen. Dadurch kann viel Blut verloren gehen. Wenn weniger Blut vorhanden ist, kann der Körper nicht mehr so gut mit Sauerstoff und Nährstoffen versorgt werden und alle weiteren Transportaufgaben des Blutes sind nur verringert möglich. Bei großem Blutverlust besteht Lebensgefahr.

C3 Erkläre, weshalb Bluterkranke schon nach kleinen Stößen große, blutunterlaufene, blaue Flecke unter der Haut bilden!
Durch Stöße reißen die dünnen Wände der Kapillaren, sodass Blut in das umgebende Gewebe austritt. Bluterkranken fehlt die Fähigkeit, solche Öffnungen des Blutkreislaufs schnell zu schließen, so dass sich selbst nach geringen Verletzungen der Kapillaren viel Blut im umgebenden Gewebe ansammelt, das große blaue Flecken unter der Haut bildet.

Blutkreislauf

Seite 92–94

1 Nenne die zwei Blutgefäße, die an das Herz anschließen und sauerstoffreiches Blut transportieren!
Die Lungenvene und die große Körperarterie, die Aorta, schließen an das Herz an und transportieren sauerstoffreiches Blut.

2 Beschreibe Veränderungen des Blutes in den Gehirn-, den Lungen-, und den Darmkapillaren! Berücksichtige dabei Sauerstoff, Kohlenstoffdioxid und Nährstoffe!
Gehirnkapillaren: Das Blut wird ärmer an Sauerstoff und reicher an Kohlenstoffdioxid, es gibt Nährstoffe ab.
Lungenkapillaren: Das Blut wird reicher an Sauerstoff und ärmer an Kohlenstoffdioxid, es gibt Nährstoffe ab.
Darmkapillaren: Das Blut wird ärmer an Sauerstoff und reicher an Kohlenstoffdioxid, es nimmt Nährstoffe aus dem Dünndarm auf.

3 Beschreibe den Zusammenhang von Struktur und Funktion am Beispiel der Kapillarwände!
Struktur: Die Wände der Kapillaren sind sehr dünn.
Funktion: In den Kapillaren gibt das Blut Sauerstoff und Nährstoffe an die Umgebung ab und nimmt Kohlenstoffdioxid und Abfallstoffe aus der Umgebung auf.
Zusammenhang: Die abgegebenen Stoffe wandern durch die Wände der Kapillaren in die Umgebung. Die ins Blut aufgenommenen Stoffe durchqueren die Wände in umgekehrter Richtung. Dieser Transport wird dadurch erleichtert, dass die Kapillarwände sehr dünn sind.
Zusatzinformation: Es kann auch folgender Zusammenhang erläutert werden:
Struktur: Die hohe Anzahl der Kapillaren vergrößert die Oberfläche ihrer Wände (Prinzip der Oberflächenvergrößerung).
Funktion: In den Kapillaren gibt das Blut Sauerstoff und Nährstoffe an die Umgebung ab und nimmt Kohlenstoffdioxid und Abfallstoffe aus der Umgebung auf.
Zusammenhang: Durch die große Oberfläche der Kapillarwände kann das Blut in kurzer Zeit sehr viele Stoffe abgeben und aufnehmen.

Seite 95 (Material)

Material A – Blutkreislauf

A1 Nenne die Fachbegriffe der mit Zahlen gekennzeichneten Blutgefäße!
1 = Lungenarterie, **2** = Lungenvene, **3** = Aorta (Körperarterie), **4** = obere Hohlvene, **5** = untere Hohlvene

Gestufte Hilfe: Vorgabe der Fachbegriffe in ungeordneter Reihenfolge.

A2 Beschreibe in Form eines Pfeildiagramms zwei Wege, die eine Blutzelle nehmen kann, wenn sie von der Aorta aus durch den Kreislauf transportiert wird, bis sie die Aorta wieder erreicht hat!

- *Weg durch die Kapillaren des Gehirns und des Oberkörpers:*
  Aorta → Kapillaren des Gehirns → obere Hohlvene → rechte Herzhälfte → Lungenarterie → Kapillaren der Lunge → Lungenvene → linke Herzhälfte → Aorta

- *Weg durch die Kapillaren der inneren Organe:*
  Aorta → Kapillaren der inneren Organe → untere Hohlvene → rechte Herzhälfte → Lungenarterie → Kapillaren der Lunge → Lungenvene → linke Herzhälfte → Aorta

- *Weg durch die Kapillaren der Muskeln:*
  Aorta → Kapillaren, die die Muskeln durchbluten → untere Hohlvene → rechte Herzhälfte → Lungenarterie → Kapillaren der Lunge → Lungenvene → linke Herzhälfte → Aorta

- *Weg durch die Kapillaren des Skeletts und der Haut:*
  Aorta → Kapillaren die das Skelett und die Haut durchbluten → untere Hohlvene → rechte Herzhälfte → Lungenarterie → Kapillaren der Lunge → Lungenvene → linke Herzhälfte → Aorta

Gestufte Hilfen:
Hilfe 1: mögliche Wege vorgeben (Gehirn und Oberkörper, innere Organe, Muskeln, Skelett und Haut).
Hilfe 2: jeweils Vorgabe der zu verwendenden Fachbegriffe.

A3 Erkläre, weshalb der Begriff doppelter Blutkreislauf nicht ganz zutreffend ist und man daher nur von einem einzigen spricht!

Die rechte Seite des Herzens pumpt Blut durch die Lungen, von der linken Seite des Herzens aus fließt das Blut zu den Organen. Das Blut fließt zwar zweimal durch das Herz, wird aber nicht durchmischt, sondern bleibt getrennt. Es handelt sich also nur um einen Kreislauf. Allerdings strömt das Blut, wenn es einmal diesen Kreislauf vollständig durchfließt, zweimal durch das Herz und zwar einmal durch die rechte und danach durch die linke Herzhälfte.

A4 Stelle die Durchblutungsmenge der im Schema angegebenen Organe als Säulendiagramm dar!

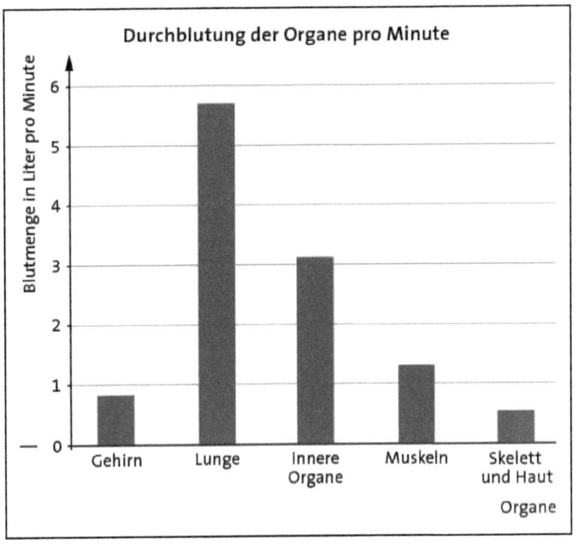

Gestufte Hilfen:
Hilfe 1: Vorgabe der Achsenbeschriftung
Hilfe 2: Vorgabe der Achsenskalierung der Hochachse (1 cm = 1 l)

Zusatzinformation: Die Durchblutung des Herzens ist nicht dargestellt. Die Menge des Blutes, die das Herz versorgt, ist daher nicht berücksichtigt. Um die Darstellung zu vereinfachen, ist die Gesamtmenge des Blutes hier als Summe der übrigen Blutmengen angegeben. Die tatsächliche Menge des gesamten Blutes liegt daher höher. Die Blutmenge, die das Herz versorgt, muss noch hinzugerechnet werden.

A5 Während eines Marathonlaufs, einer Klassenarbeit oder der Zeit nach einem reichhaltigen Mittagessen ändert sich die Durchblutung der Organe gegenüber dem Ruhezustand. Stelle Vermutungen an, in welchen Organen die Durchblutung während der oben genannten Tätigkeiten besonders stark ansteigt!

Vermutungen:
Stärker durchblutet werden:
- während eines Marathonlaufs: Muskulatur, Herz, Lunge
- während einer Klassenarbeit: Gehirn
- während der Zeit nach einem reichhaltigen Mittagessen: innere Organe

Zusatzinformation: siehe Zusatzinformation zu Aufgabe A4.

Material B – Durchblutung der Haut

B1 Vergleiche den Durchmesser der Blutgefäße in Schema A und B!

Im Schema B ist der Durchmesser der Blutgefäße, die unmittelbar unter der Haut liegen, größer als im Schema A. Die äußeren Kapillaren und die außen liegende Vene sind erweitert.

B2 Erkläre den Vorteil, den die Veränderungen der Durchmesser im Schema B mit sich bringen!
Bei körperlicher Anstrengung produziert der Körper mehr Wärme als in Ruhe. Bei einer starken Wärmebildung kann es zu einem Überhitzen des Körpers kommen. Daher ist es vorteilhaft, wenn die Wärme an die Umgebung abgegeben werden kann.
Durch erweiterte Blutgefäße kann mehr Blut fließen. Weil bei körperlicher Anstrengung (Abbildung B) die Gefäße erweitert werden, die direkt unter der Haut liegen, kann mehr Wärme, die durch das Blut transportiert wird, über die Haut an die Umgebung abgegeben werden.

Gestufte Hilfe: Berücksichtige, dass bei körperlicher Anstrengung die Wärmeproduktion hoch ist.

Herz – Bau und Funktion

Seite 96–98

1 Beschreibe die Lage der Segelklappen und der Taschenklappen!
Die Segelklappen befinden sich auf jeder Herzseite zwischen dem Vorhof und der Herzkammer. Die Taschenklappen liegen auf beiden Seiten des Herzens zwischen den Herzkammern und den Arterien.

2 Erkläre, weshalb die Herzkranzgefäße so wichtig für das Herz sind!
Der Herzmuskel verrichtet sehr viel Arbeit. Hierfür benötigt er Energie. Diese bezieht er aus den Nährstoffen, hauptsächlich aus Glukose. Dazu benötigt er Sauerstoff. Die Herzkranzgefäße bringen Nährstoffe und Sauerstoff zu den Zellen des Herzmuskels. Es müssen aber auch Abfallstoffe und Kohlenstoffdioxid abtransportiert werden. Auch dies erledigen die Herzkranzgefäße.
Wird der Herzmuskel von den Herzkranzgefäßen nicht mehr ausreichend versorgt, so sterben Teile von ihm ab.

3 Beschreibe den Zustand des Herzens zu Beginn der Diastole und der Systole!
Während der *Diastole* entspannt sich der Herzmuskel. Zu Beginn schließen sich die Taschenklappen, und die Segelklappen öffnen sich, sodass das Blut aus den Vorkammern in die Herzkammern strömt.
In der *Systole* kontrahiert die Herzmuskulatur, sodass das Blut in den Herzkammern unter Druck gerät. Zu Beginn schließen sich die Segelklappen, und die Taschenklappen öffnen sich, sodass Blut in die Aorta beziehungsweise in die Lungenarterie strömt. Nach dem Schließen der Segelklappen füllen sich die Vorkammern wieder mit Blut aus den Hohlvenen beziehungsweise der Lungenvene.

Gestufte Hilfe: Berücksichtige die Kontraktion des Herzmuskels, die Stellung der Klappen und den Blutfluss im Herzen.

4 Erkläre, wodurch die Segelklappen geschlossen und die Taschenklappen geöffnet werden!
Durch die Kontraktion des Herzmuskels während der Systole erhöht sich der Druck des Blutes in den Herzkammern. Dadurch schließen sich die Segelklappen und die Taschenklappen werden geöffnet.

Seite 99 (Material)

Material A – Bau des Herzens

A1 Nenne die Fachbegriffe für die mit Zahlen gekennzeichneten Teile des Herzens!
1 = Aorta, **2** = obere Hohlvene, **3** = Segelklappen, **4** = rechte Herzkammer, **5** = untere Hohlvene, **6** = Herzscheidewand, **7** = linke Herzkammer

Gestufte Hilfe: Vorgabe der Fachbegriffe in ungeordneter Reihenfolge.

A2 Begründe, ob sich das Herz in der Diastole oder der Systole befindet!
Das Herz befindet sich in der Diastole, weil die Segelklappen geöffnet und die Taschenklappen geschlossen sind.

Gestufte Hilfe: Beachte den Zustand der Herzklappen.

Zusatzinformation: Eine Begründung über den Kontraktionszustand der Herzkammern und Vorhöfe ist nicht möglich, weil die Abbildung des anderen Zustandes (also der Systole) zum Vergleich nicht vorliegt.

A3 Beschreibe die Fließrichtung des Blutes in den Gefäßen 1 und 5!
1: Blut (sauerstoffreich) fließt aus der linken Herzkammer in den Körperkreislauf (zu allen Organen des Körpers, außer der Lunge).
5: Blut (sauerstoffarm) fließt aus dem Körperkreislauf in den rechten Vorhof

A4 Stelle Vermutungen an, welche Folgen es hätte, wenn die beiden Bereiche 4 und 7 durch ein Loch im Bereich 6 nicht vollständig voneinander getrennt wären!
Sauerstoffarmes Blut aus der rechten Herzhälfte würde in die linke Herzhälfte gelangen und sich dort mit dem sauerstoffreichen Blut vermischen. Der Sauerstoffgehalt des Blutes in der linken Herzhälfte würde dadurch sinken. Wegen der zu geringen Sauerstoffversorgung wäre die körperliche Leistungsfähigkeit stark beeinträchtigt.

Material B – Sportlerherz

B1 Ermittle die Unterschiede der Herzmassen in Prozent zwischen der untrainierten Person und den Sportlern!

Herzmasse (untrainierte Person) = 647 g
→ entsprechend 100 %;
Herzmasse (Kurzstreckenläufer) = 806 g
→ entsprechend 125 % (Steigerung also um 25 %);
Herzmasse (Radsportamateur) = 929 g
→ entsprechend 144 % (Steigerung also um 44 %);
Herzmasse (Radrennprofi) = 1012 g
→ entsprechend 156 % (Steigerung also um 56 %).

Gestufte Hilfen:
Hilfe 1: Gehe davon aus, dass 647 g 100 % entsprechen.
Hilfe 2: Berechne nach der Formel:

$$\frac{100 \cdot \text{Herzmasse der Sportler}}{\text{Herzmasse der untrainierten Person}}$$

B2 Stelle Vermutungen an, wie es zu den dargestellten Unterschieden gekommen sein könnte!
Da die untrainierte Person die kleinste Herzmasse besitzt, müssen die Unterschiede damit im Zusammenhang stehen, wie gut die jeweiligen Personen trainiert sind. Dies legt die Vermutung nahe, dass sich die Masse des Herzens durch Sporttraining vergrößern kann. Eine besonders starke Zunahme der Herzgröße ist möglich, wenn Sportarten betrieben werden, die Ausdauer erfordern. Das zeigen die sehr großen Herzmassen von Radrennprofis und Radsportamateuren.

B3 Erkläre, weshalb das Herz eines trainierten Sportlers unter anderem dafür verantwortlich ist, dass seine Körperleistung höher ist als die einer untrainierten Person!
Je größer ein Herzvolumen ist, desto mehr sauerstoffreiches Blut kann das Herz über die Aorta in den Körperkreislauf pumpen. Durch die bessere Versorgung der Zellen (vor allem der Muskelzellen) mit Sauerstoff sind diese leistungsfähiger.

Gestufte Hilfe: Bedenke dabei vor allem die Bedeutung der Sauerstoffversorgung für die Energiegewinnung des Körpers.

Zusatzinformation: Von Vorteil ist auch die bessere Versorgung der Zellen mit Nährstoffen. Aus Gründen der Vereinfachung wurde das im Lösungsvorschlag nicht berücksichtigt.

B4 Erkläre, weshalb das Herz von Radrennprofis bei ruhendem Körper weniger häufig pro Minute schlägt als das Herz einer untrainierten Person!
In Ruhe besteht kein erhöhter Sauerstoffbedarf. Dieser geringere Sauerstoffbedarf kann wegen der größeren Blutmenge, die das Herz des Radrennprofis in den Körper pumpt, mit weniger Herzschlägen (im Vergleich zur untrainierten Person) gedeckt werden. Die untrainierte Person braucht wegen ihres kleineren Herzvolumens mehr Herzschläge, um den Körper mit der gleichen Sauerstoffmenge zu versorgen wie der Radrennprofi.

Gestufte Hilfe: Bedenke dabei den geringeren Sauerstoffbedarf des ruhenden Körpers.

Material C – Leistungen des Herzens

C1 Ermittle jeweils für den ruhenden und den belasteten Körper, wie viel Liter Blut in einer halben Stunde in die Aorta gepumpt werden!
eine halbe Stunde = 30 Minuten
In Ruhe:
70 ml pro Herzschlag, 70 Herzschläge pro Minute
Blutmenge:
70 ml · 70 · 30 = 147 000 ml = 147 l
Bei Belastung:
70 ml / Herzschlag, 130 Herzschläge / Minute
Blutmenge:
70 ml · 130 · 30 = 273 000 ml = 273 l

In Ruhe werden 147 l Blut und bei Belastung 273 l Blut in einer halben Stunde in die Aorta gepumpt.

Gestufte Hilfen:
Hilfe 1: 1 000 ml entsprechen 1 l.
Hilfe 2: Berechne zunächst die Anzahl der Herzschläge pro Minute und multipliziere diesen Wert mit dem Wert der Blutmenge, die pro Herzschlag in die Aorta gepumpt wird.

C2 Erkläre die Unterschiede, die sich für den ruhenden und den belasteten Körper ergeben!
Der ruhende Körper hat einen weit geringeren Sauerstoffbedarf als der belastete. Daher reicht eine viel geringere Anzahl der Herzschläge pro Minute aus, um den Körper mit Sauerstoff zu versorgen. (Im vorliegenden Beispiel ist die Anzahl der Herzschläge etwa halb so groß).

Gestufte Hilfe: Berücksichtige den Sauerstoffbedarf des Körpers.

Zusatzinformation: Aus Gründen der Vereinfachung ist hier nur die Versorgung des Körpers mit Sauerstoff erwähnt. Andere Aufgaben des Blutes, zum Beispiel die Aufnahme von Kohlenstoffdioxid aus den Zellen und die Abgabe aus dem Blut in der Lunge, die Versorgung der Zellen mit Nährstoffen und die Beseitigung von Abfallstoffen bleiben im Lösungsvorschlag unberücksichtigt.

C3 Ermittle, wie oft pro Tag bei ruhendem Körper das gesamte Blut durch das Herz fließt!
Wie in C1 ausgerechnet wurde, werden in einer halben Stunde 147 l Blut durch die linke Herzhälfte bewegt, somit 294 l durch beide Herzhälften. In 24 Stunden sind das 48 · 294 l = 14 112 l.

Ein erwachsener Mensch besitzt etwa 6 l Blut. 14 112 l : 6 l = 2 352 l.
Das gesamte Blut des Menschen fließt 2352-mal durch das Herz.

Gestufte Hilfen:
Hilfe 1: Verwende bei der Berechnung den bei C1 ermittelten Wert (147 l). Bedenke dabei, dass bei C1 der Wert nur für eine Herzkammer errechnet wurde.
Hilfe 2: Multipliziere den bei C1 für eine halbe Stunde berechneten Wert mit 48 (pro Tag 24 Stunden, also 48 halbe Stunden). Teile dann den errechneten Wert für die Menge des pro Tag durch das Herz fließende Blut durch den Wert für die gesamte Blutmenge des Körpers (6 l). Antworte in einem ganzen Satz.

C4 Erkläre, weshalb die aus beiden Herzkammern in die Blutgefäße ausströmenden Blutmengen gleich groß sein müssen!
Das Herz pumpt Blut bei jedem Herzschlag sowohl in die Lungen (Lungenkreislauf) wie auch in den Körper (Körperkreislauf). Das Kreislaufsystem kann aber nur funktionieren, wenn die vom Herzen abtransportierte Blutmenge genauso groß ist wie die aufgenommene. Es muss also im Lungenkreislauf genauso viel Blut in Richtung Lungen gepumpt werden, wie von den Lungen wieder in das Herz zurückfließt. Entsprechendes gilt auch für den Körperkreislauf.

Gestufte Hilfe: Bedenke, dass das Blut in einem geschlossenen Kreislauf fließt, die Blutgefäße also nie verlässt.

Seite 100–101 (Methode: Präparation eines Schweineherzens)

1 In einer der Herzkammern wird ein höherer Druck auf das Blut ausgeübt als in der anderen Kammer. Erkläre diesen Unterschied und beschreibe die Baumerkmale des Herzens, die dadurch erklärbar sind!
In der linken Herzkammer wird ein höherer Druck auf das Blut ausgeübt als in der rechten Herzkammer. Dies ist dadurch zu erklären, dass das Blut von der linken Herzkammer über die Aorta so stark in den Körperkreislauf gepumpt werden muss, dass alle Bereiche des Körpers mit Blut versorgt werden. Das Blut aus der rechten Herzkammer hingegen wird in den Lungenkreislauf gepumpt, welcher viel kleiner ist als der Körperkreislauf. Hierfür wird ein viel geringerer Druck benötigt. Dadurch lässt sich auch erklären, dass die rechte Herzkammer eine dünnere und die linke Herzkammer eine dickere Muskelschicht besitzt, um die jeweiligen Aufgaben erfüllen zu können.

2 Stelle Vermutungen an, weshalb sich die Herzklappen bewegen können, obwohl sie keine Muskeln haben!
Die Herzklappen könnten alleine durch den Druck des Blutes geöffnet werden. Lässt der Druck nach, schließen sie sich wieder. Gleichzeitig könnten die Herzklappen über die Muskelwände bewegt werden, da sie mit ihnen in Verbindung stehen.

Bewegung hat Einfluss auf unseren Körper

Seite 102–104

1 Stelle die körperlichen Folgen des erhöhten Sauerstoffbedarfs in den Muskelzellen in einem Pfeildiagramm dar!

erhöhter Sauerstoffbedarf

erhöhte Atemfrequenz	**erhöhter Puls**
→ mehr Sauerstoff in der Lunge	→ Blut fließt schneller
→ mehr Sauerstoff im Blut	→ mehr Sauerstoff kann transportiert werden
→ mehr Sauerstoff gelangt in die Zellen.	

Seite 105 (Material)

Material A – Fitness

A1 Stelle die Messwerte der Jugendlichen mit unterschiedlichen Farben in einem Liniendiagramm dar!

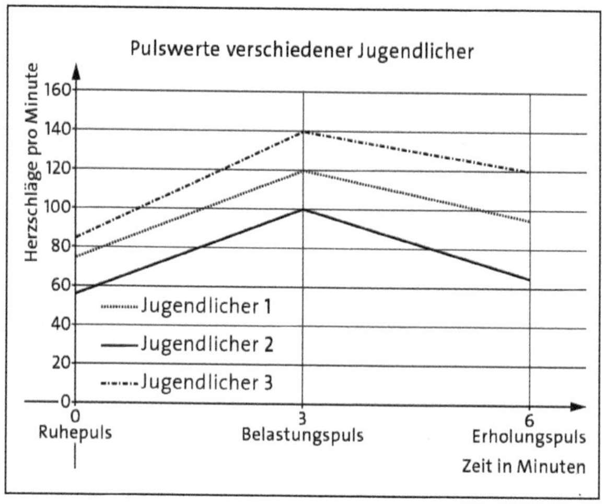

Gestufte Hilfen:
Hilfe 1: Vorgabe der Achsenbeschriftung.
Hilfe 2: Vorgabe der Achsenskalierung (x-Achse: 1 cm = 1 Minute; y-Achse: 1 cm = 10 Schläge/Minute).

A2 Beschreibe das Diagramm und die Kurvenverläufe!
Das Diagramm zeigt die Pulswerte von 3 verschiedenen Jugendlichen. Auf der x-Achse ist die Zeit in Minuten aufgetragen, auf der y-Achse die Herzschläge pro Minute (Herzfrequenz).
Der Jugendliche 1 hat einen Ruhepuls von etwa 75 Herzschlägen pro Minute und erreicht nach drei Minuten einen Belastungspuls von 120. Nach drei Minuten Pause hat die Herzfrequenz abgenommen. Der Erholungspuls beträgt etwa 95.
Aus der Kurve des Jugendlichen 2 lässt sich ein Ruhepuls von unter 60 ablesen. Nach drei Minuten Belastung hat die Herzfrequenz zugenommen und das Herz schlägt 100 mal pro Minute. Danach nimmt die Herzfrequenz innerhalb von drei Minuten wieder ab. Der Erholungspuls liegt dann nur leicht über dem Wert des Ruhepulses.
Der Jugendliche 3 hat einen Ruhepuls von etwa 85. Während der Belastung nimmt der Puls schnell zu. Sein Belastungspuls beträgt 140. Am Ende der Belastung nimmt die Herzfrequenz langsam ab. Nach drei Minuten Pause beträgt der Erholungspuls 120.

A3 Begründe, welche Kurve für einen trainierten und welche für einen untrainierten Jugendlichen gilt!
Die Differenz zwischen dem Belastungspuls und dem Erholungspuls lässt eine Aussage über die Fitness und damit den Trainingszustand einer Person zu.
Beim Jugendlichen 3 beträgt die Differenz zwischen dem Belastungspuls und dem Erholungspuls 20 Herzschläge pro Minute und ist daher relativ gering. Dementsprechend ist diese Kurve einer untrainierten Person zuzuordnen. Die Kurve des Jugendlichen 2 gilt für eine trainierte Person. Die Differenz beträgt fast 40 Herzschläge pro Minute und ist daher relativ hoch. Der Erholungspuls hat innerhalb von drei Minuten fast wieder den Wert des Ruhepulses erreicht. Dies bedeutet, dass das Herz-Kreislauf-System an körperliche Belastungen gut angepasst ist.

Gestufte Hilfen:
Hilfe 1: Beachte dabei die unterschiedlichen Differenzen zwischen dem Belastungs- und Erholungspuls.
Hilfe 2: Jugendlicher 2 = trainierte Person; Jugendlicher 3 = untrainierte Person.

A4 Miss deinen Ruhepuls, und mache dann in schneller Folge drei Minuten lang Kniebeugen. Miss unmittelbar danach deinen Belastungspuls und nach drei Minuten Pause den Erholungspuls. Trage deine Daten in das Diagramm von A1 ein und beurteile deinen Trainingszustand!
Individuelle Schülerlösungen.
Die Beurteilung des Trainingszustandes erfolgt über die Ermittlung der Differenz zwischen Belastungspuls und Erholungspuls, sowie dem Vergleich mit den Jugendlichen aus Aufgabe A1.

Gestufte Hilfe: Vorgabe des Diagramms von A1 mit allen Kurven.

Zusatzinformation: Der Ruhepuls wird am besten morgens direkt nach dem Aufwachen gemessen, wenn sich der Körper in völliger Ruhe befindet. Damit Beeinträchtigungen des Körpers, wie zum Beispiel Stress oder Infektionen, die Werte nicht zu sehr beeinflussen, sollte der Ruhepuls an mehreren aufeinanderfolgenden Tagen ermittelt werden. So errechnet man einen Mittelwert, der bei Trainingsdokumentationen eine wichtige Grundlage bildet. Zu Beginn einer sportlichen Aktivität muss der Ruhepuls somit eigentlich nicht mehr bestimmt werden.
Der Belastungspuls sollte unmittelbar nach einer Belastung gemessen werden, da die Herzfrequenz nach Beendigung der Belastung in der Regel relativ schnell wieder abfällt. Der Belastungspuls ist auch von der Art der körperlichen Belastung abhängig.
Zur Ermittlung des Erholungspulses sind im Sport unterschiedliche Zeitabstände möglich. Wie bei der Erhebung des Ruhepulses sollte auch beim Erholungspuls durch mehrmaliges Wiederholen ein Mittelwert gebildet werden. Um Vergleichswerte zu haben, sollte mit einheitlichen Zeitfenstern gearbeitet werden.

Material B – Verletzungen vorbeugen

B1 Beschreibe die Vorbeugemaßnahmen, die vor, während und nach sportlichen Aktivitäten ausgeführt werden können!
A: Die Sportler laufen bei mäßiger Geschwindigkeit.
B: Die Sportlerin nimmt Flüssigkeit auf.
C: Die Sportlerin macht Dehnübungen. Im Stand wird das Körpergewicht auf eine Beinseite verlagert. Die Fußflächen bleiben auf dem Boden und das Standbein wird leicht gebeugt, das andere Bein wird gestreckt.

B2 Erkläre die Bedeutung der jeweiligen Vorbeugemaßnahme! Stelle hierbei auch jeweils einen Zusammenhang zu einer möglichen Gefährdung des Körpers her!
A: Das „Warmlaufen" ist wichtig, damit der Körper sich an eine sportliche Belastung gewöhnen kann und eine gute „Trainingstemperatur" für den Körper erreicht wird. Die Stoffwechselvorgänge sowie die Aktivität der Organe und Organsysteme werden dadurch langsam gesteigert und der Körper so auf eine höhere Belastung vorbereitet. Vor allem die Durchblutung und damit die Temperatur und Elastizität der Muskulatur wird erhöht.

B: Flüssigkeitsaufnahme während einer sportlichen Aktivität ist sehr wichtig, da der Körper durch die Erhöhung der Körpertemperatur mit Schwitzen reagiert. Dadurch geht Flüssigkeit verloren. Der Blutkreislauf auf genügend Flüssigkeit angewiesen, um seine Transportfunktion übernehmen zu können. Reicht die Flüssigkeit nicht aus, kann der Kreislauf zusammenbrechen.

C: Dehnen führt dazu, dass Muskeln, Bänder und Gelenke auf eine größere Belastung vorbereitet werden. Hierzu werden sie vorsichtig belastet. Das erhöht die Beweglichkeit und verringert die Verletzungsgefahr wie zum Beispiel das Reißen eines Bandes oder einer Muskelfaser.

Zusatzinformation: Eine gute „Trainingstemperatur" liegt bei etwa 39 °C. Dies ist wichtig, damit die Muskeln eine hohe Leistung erbringen können. Verzichtet man darauf, ist zum Beispiel die Gefahr eines Muskelfaserrisses erhöht.
Sowohl vor, während als auch nach dem Sport ist auf eine ausreichende Flüssigkeitsaufnahme zu achten. Wenn die Flüssigkeitsverluste nicht rechtzeitig ausgeglichen werden, kann dem Blut und dem Gewebe Flüssigkeit entzogen werden. Dadurch fließt das Blut langsamer und die Versorgung der Muskulatur und der Organe mit Nährstoffen und Sauerstoff wird eingeschränkt. Für ein ausgewogenes Zusammenspiel der Organe und Organsysteme ist eine regelmäßige und ausreichende Flüssigkeits- und Mineralstoffzufuhr notwendig. Geschieht dies nicht kann es passieren, dass nicht alle Organe und Organsysteme ausreichend versorgt werden und somit bei zu hoher Belastung nicht mehr ausreichend funktionieren.
Das Dehnen sollte erst nach einer Aufwärmphase stattfinden, damit es bei Dehnübungen nicht zu Verletzungen kommt. Dabei ist es wichtig, dass nicht nur in eine Richtung gedehnt wird, sondern immer auch in die Gegenrichtung. Nach einer sportlichen Betätigung, so lange die Muskulatur noch warm ist, ist für die Regeneration der Muskeln wichtig, Dehnübungen zu machen.
Nach der körperlichen Anstrengung sorgt das Dehnen dafür, dass die durch die ständige Kontraktion verkürzten Muskeln wieder dauerhaft auf die normale Länge gebracht werden.

Seite 106–107 (Im Blickpunkt Medizin: Herz-Kreislauf-Erkrankungen)

1 Beschreibe die Vorgänge, die zu einer Verstopfung von Blutgefäßen des Gehirns oder des Herzens führen können!
Die Blutgefäße des Gehirns und die Blutgefäße des Herzens, die Herzkranzgefäße, können infolge einer Arteriosklerose verstopfen. Eine Arteriosklerose entsteht, wenn sich Fett und Kalk an der Arterienwand ablagern. Das kann Wucherungen der Arterienwand auslösen, die die Arterie so stark verengen, dass es zu einer vollständigen Verstopfung kommt.

2 Erkläre, weshalb ein Herzinfarkt und ein Schlaganfall tödlich sein können!
Bei einem *Herzinfarkt* verstopfen die Herzkranzgefäße. Der von dem Herzkranzgefäß versorgte Teil des Herzmuskels erhält kein Blut und damit auch keinen Sauerstoff mehr. Nach kurzer Zeit sterben die betroffenen Muskelzellen ab. Wenn bei einem Herzinfarkt zu große Teile des Herzmuskels absterben, kann das Herz so stark geschädigt werden, dass es aufhört zu schlagen. Der Körper wird dann nicht mehr mit Nährstoffen und Sauerstoff versorgt, und das Kohlenstoffdioxid wird nicht mehr abtransportiert. Der Mensch stirbt.
Bei einem *Schlaganfall* verstopfen die Blutgefäße im Gehirn. Infolgedessen werden die Nervenzellen nicht mehr ausreichend mit Sauerstoff versorgt. Wenn dadurch die Teile des Gehirns, die für die Steuerung lebenswichtiger Vorgänge im Körper erforderlich sind, nicht arbeiten können oder absterben, stirbt der Mensch nach kurzer Zeit.

3 Recherchiere im Internet, wie man erkennen kann, ob jemand einen Schlaganfall erlitten hat!
Ergebnis der Recherche sollten drei Erkennungsmerkmale sein, die die Diagnose eines Schlaganfalls ermöglichen:
Um einen Schlaganfall zu diagnostizieren, sollte man folgende drei Fragen zu den Fähigkeiten des Patienten beantworten:
- Kann der Patient lachen – die Zähne zeigen?
- Kann der Patient einfache Sätze deutlich und fehlerfrei nachsprechen?
- Kann der Patient mit geschlossenen Augen beide Arme mit nach oben gerichteten Handflächen so waagerecht ausgestreckt halten, dass sie auf gleicher Höhe bleiben?

Zusatzinformation: Wie schwerwiegend die Folgen eines Schlaganfalls sind, hängt im Wesentlichen davon ab, wie schnell die Behandlung einsetzt. Die Kriterien, durch die man einen Schlaganfall erkennen kann, sollten daher in der Bevölkerung bekannt sein, um möglichst schnell Hilfe holen zu können. Die schnelle Diagnose kann Leben retten oder die Folgen des Schlaganfalls sehr stark mildern („Time is brain"). Ein Schlaganfall ist ebenso ein Notfall wie ein Herzinfarkt. Die europaweit einheitliche Notrufnummer ist die 112.

3 Stütz- und Bewegungssystem

Knochen und Gelenke

Seite 108–110

1 Nenne drei Funktionen der Wirbelsäule!
- Stabilität des Körpers
- Beweglichkeit des Körpers
- Schutz des Rückenmarks

2 Beschreibe am Beispiel des Röhrenknochens den Zusammenhang zwischen Struktur und Funktion!
Röhrenknochen gewährleisten eine hohe Stabilität. Für diese Funktion sind bestimmte Strukturen des Knochens verantwortlich. Die Knochenenden sind mit stark vernetzten Knochenbälkchen ausgefüllt. Sie bilden ein Gerüst und geben dem Knochen somit eine große Stabilität. In der Knochenrinde befinden sich längliche Knochenröhrchen. Sie haben ebenfalls die Funktion dem Knochen Stabilität zu verleihen. Struktur und Funktion stehen in einem Zusammenhang.
Zusatzinformationen: Es sind weitere Lösungen denkbar. Ein Knochen besteht aus lebendem Gewebe. Für die Lebensfunktionen ist die Versorgung mit Sauerstoff und Nährstoffen erforderlich. Diese Funktion übernehmen die im Knochengewebe liegenden Blutgefäße.

3 Ordne den Strukturen des Kniegelenks folgende Funktionen zu: „schützt das Gelenk", „ hält Stöße ab", „verringert Reibung"!
„schützt das Gelenk": Gelenkkapsel,
„hält Stöße ab": Schleimbeutel und Fettkörper in der Gelenkkapsel; Gelenkknorpel,
„verringert Reibung": Gelenkknorpel; Gelenkschmiere

Seite 111 (Material)

Material A – Knochenbestandteile

A1 Stelle die Bestandteile eines Knochens in einem Kreisdiagramm dar!

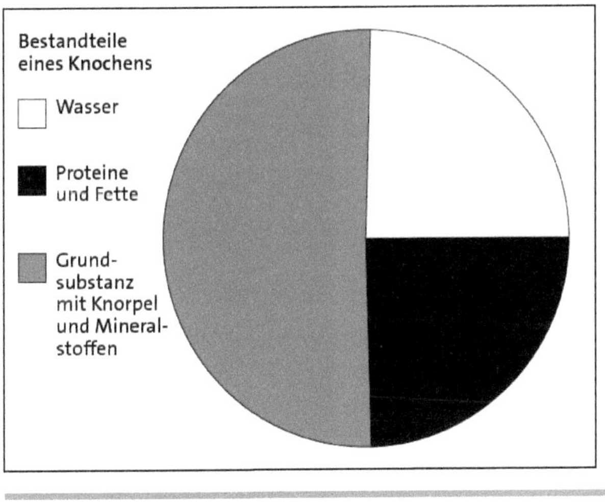

Gestufte Hilfen:
Hilfe 1: 360° entsprechen 100 %.
Hilfe 2: Berechne nach der Formel:

$$\frac{x}{360°} = \frac{25}{100}$$

Hilfe 3: Wasser: etwa 90°, Proteine und Fette: etwa 90°, Grundsubstanz: etwa 180°. Lege eine Legende an.

A2 Stelle Vermutungen an, wie sich die Zusammensetzung der Knochenbestandteile ändert, wenn ein Knochen in Salzsäure gelegt oder wenn er ausgeglüht wird!
Durch das Ausglühen könnten dem Knochen die „weichen", knorpeligen Anteile der Grundsubstanz entzogen werden. Der kalkartige Anteil, der dem Knochen Festigkeit gibt, bleibt erhalten. Wahrscheinlich wird dem Knochen auch Wasser entzogen und Proteine und Fette werden verbrannt. Dadurch könnte er spröde und brüchig werden.
Wird ein Knochen in Salzsäure gelegt, löst diese vermutlich den kalkartigen, festen Anteil der Grundsubstanz des Knochens auf. Übrig bleibt dann der weiche Knorpel, weshalb der Knochen biegsam wird. Vermutlich werden durch die Salzsäure auch Proteine und Fette zerstört.

Material B – Ausgewählte Gelenktypen

B1 Beschreibe, welche Bewegungsmöglichkeiten die gekennzeichneten Gelenke zulassen!
Gelenk zwischen Unterarmknochen und Oberarmknochen: Bewegungen sind nur in zwei Richtungen möglich

Gelenk zwischen Oberarmknochen und Schultergürtel: Bewegungen sind in alle Richtungen möglich

Gelenk zwischen Oberschenkelknochen und Beckengürtel: Bewegungen sind in alle Richtungen möglich

Gelenk zwischen Unterschenkelknochen und Oberschenkelknochen: Bewegungen sind nur in zwei Richtungen möglich

B2 Ordne die vier gekennzeichneten Gelenke jeweils einem Gelenktyp zu und begründe deine Entscheidung!
Gelenk zwischen Unterarmknochen und Oberarmknochen: Scharniergelenk; Begründung: Bewegungen sind nur in zwei Richtungen möglich

Gelenk zwischen Oberarmknochen und Schultergürtel: Kugelgelenk; Begründung: Bewegungen sind in alle Richtungen möglich

Gelenk zwischen Oberschenkelknochen und Beckengürtel: Kugelgelenk; Begründung: Bewegungen sind in alle Richtungen möglich

Gelenk zwischen Unterschenkelknochen und Oberschenkelknochen: Bewegungen sind nur in zwei Richtungen möglich; Gelenktyp: Scharniergelenk

Muskeln

Seite 112–113

1 Beschreibe den Bau eines Skelettmuskels von innen nach außen!

Im Inneren eines Skelettmuskels befinden sich sehr viele Muskelfasern. Viele Muskelfasern werden zu einem Muskelfaserbündel zusammengefasst. Mehrere Muskelfaserbündel sind in Bindegewebe eingebettet, welches mit Blutgefäßen und Nerven durchzogen ist. Die Gesamtheit von Muskelfaserbündeln und Bindegewebe wird nach außen von einer Muskelhaut umschlossen. Diese geht an den Enden in Sehnen über.

2 Erkläre die Funktionen der Oberarmmuskeln beim Jonglieren!

Beim Jonglieren müssen die Arme abwechselnd angewinkelt und gestreckt werden. Der Bizeps hat als Beuger die Funktion den Unterarm zu heben. Da sich ein Muskel aber nicht selbstständig dehnen kann ist ein Gegenspieler notwendig. Diese Aufgabe erfüllt als Strecker der Trizeps. Er macht die Bewegung des Unterarms rückgängig. Um den Strecker wieder zu dehnen, muss der Beuger angespannt werden. Die Oberarmmuskeln kontrahieren sich abwechselnd und haben gleichzeitig die Funktion ihren Gegenspieler zu dehnen.

Sexualität und Fortpflanzung

1 Sexualität

Liebe und Sexualität

Seite 120–122

1 Nenne Gründe, weshalb eine Partnerschaft misslingen kann!

Eine Partnerschaft kann misslingen, weil zum Beispiel
- Eigenarten und Wünsche nicht gegenseitig respektiert werden,
- Probleme nicht offen und ehrlich angesprochen werden,
- einer oder beide eine Rolle spielen und so verbergen, wie sie wirklich sind,
- die Partner sich nicht mehr vertrauen können, weil einer unehrlich oder untreu ist.

2 Erläutere, was man unter Sexualität versteht!

Sexualität ist der Teil einer Partnerschaft, in dem es um körperliche Bedürfnisse geht, also zum Beispiel das Bedürfnis, dem anderen nahe zu sein, ihn zu berühren, Zärtlichkeiten mit ihm auszutauschen, ihn zu küssen oder mit ihm zu schlafen.

3 Nenne jeweils ein Kennzeichen von Hetero-, Homo-, Inter- und Transsexualität!

Heterosexualität: Anziehung zwischen Menschen verschiedenen Geschlechts.
Homosexualität: Anziehung zwischen Menschen gleichen Geschlechts.
Intersexualität: Ein Mensch hat eine Mischung von männlichen und weiblichen Geschlechtsmerkmalen.
Transsexualität: Ein Mensch ist eindeutig männlich oder weiblich, fühlt sich aber dem anderen Geschlecht zugehörig.

Seite 123 (Material)

Material A – Bekanntschaftsanzeigen

A1 Nenne die Eigenschaften der Personen, die in den einzelnen Anzeigen gesucht werden!

- *Anzeige A:* schlank, sportlich, mag Natur, Bücher, Snowboardfahren, gemütliche Kneipen, Zärtlichkeit
- *Anzeige B:* selbständig, energisch, gesprächig, humor- und fantasievoll
- *Anzeige C:* keine Angaben
- *Anzeige D:* soll gerne kochen, reisen, wandern, kuscheln
- *Anzeige E:* interessiert an einer echten Beziehung, eher ausgeflippt, selbstbewusst, offen für alles
- *Anzeige F:* lebendig, unternehmenslustig

A2 Stelle Vermutungen an, welche Anzeigen von einer Frau oder von einem Mann stammen!

Hier sind viele verschiedene Schüleräußerungen denkbar, je nachdem, wie stark die Schüler in Rollenklischees denken.

A3 Vergleiche die Eigenschaften, die Mädchen wichtig sind, mit denen, die Jungen für wichtig halten!

Wie in Aufgabe A2 sind viele verschiedene Äußerungen denkbar, wobei Eigenschaften wie „gut aussehend“ und „treu“ bei beiden Geschlechtern zu erwarten sind, ihre Gewichtung aber unterschiedlich ausfallen dürfte.

Material B – Beziehungscheck

B1 Formuliere weitere Fragen, die dir über die Beziehung zu deinem Partner Aufschluss geben könnten!

mögliche Fragen:
- Lässt er/sie mich auch mal mit Anderen (Freundinnen, Kumpels) weggehen?
- Ist er/sie mir treu?
- Ist er/sie zärtlich zu mir?
- Sind ihm/ihr auch meine Bedürfnisse wichtig?
- Kann ich bei ihm/ihr so sein, wie ich bin?
- …

B2 Nenne einen wichtigen Grund, aus dem du Schluss machen würdest!

Meistens werden die Schüler hier Untreue nennen, doch sind viele verschiedene Schüleräußerungen denkbar.

B3 Nenne Formen, in denen man Schluss machen könnte, und bewerte sie!

- Nachricht über Handy schicken,
- Brief schicken,
- Gespräch mit ihm/ihr,
- Freund/Freundin vorschicken,
- mit neuem Freund/neuer Freundin auftauchen,
- …

Die Bewertung wird individuell unterschiedlich sein, sollte jedoch moralisch bewertet werden. Die Schüler und Schülerinnen sollen dazu angeregt werden, sich in den Partner / die Partnerin hineinzuversetzen und sich vorzustellen, wie die Mitteilung auf ihn / sie wirkt. Dadurch soll die Fähigkeit zur Empathie gefördert werden.
Kriterien für die Bewertung sollten unter anderem sein:
- *Achtung vor den Gefühlen des ehemaligen Partners/ der ehemaligen Partnerin,*
- *Mut zur persönlichen Mitteilung.*

Material C – Formen des Zusammenlebens

C1 Nenne Voraussetzungen, die für glückliche Partnerschaften wichtig sind!
Die Partner sollten sich vertrauen und ihre Eigenarten und Wünsche gegenseitig respektieren. Um die Einstellungen und Erwartungen des anderen kennenzulernen, sollten sie viel miteinander reden. Wenn es Probleme gibt, müssen sie offen angesprochen werden. Das alles gilt auch für die Sexualität.
Für die meisten Menschen sind für eine glückliche Partnerschaft Ehrlichkeit und Treue am wichtigsten.

C2 Vergleiche die Formen des Zusammenlebens, die auf den Fotos dargestellt sind!
Foto A zeigt ein heterosexuelles und *Foto B* ein gleichgeschlechtliches Hochzeitspaar. In beiden Fällen bekennen sich die Partner offiziell zueinander und versprechen sich, füreinander einzustehen. Der Unterschied besteht hauptsächlich in der sexuellen Orientierung der Partner und in der gesetzlichen Anerkennung der Verbindung.

C3 Recherchiere gesetzliche Regelungen zu gleichgeschlechtlichen Partnerschaften in Deutschland und fasse wesentliche Punkte schriftlich zusammen!
- gesetzliche Grundlage: Gesetz über die Eingetragene Lebenspartnerschaft, kurz Lebenspartnerschaftsgesetz (LPartG)
- Regelungen am Eherecht orientiert, beispielsweise das Güterrecht, Erbrecht und mittlerweile auch das Steuerrecht, aber nicht völlig gleichgestellt - Unterschiede beim Adoptionsrecht

2 Fortpflanzung

Geschlechtsorgane

Seite 124–125

1 Vergleiche Größe und Bau von Spermienzelle und Eizelle in Form einer Tabelle!

	Spermienzelle	Eizelle
Größe	sehr klein, mit bloßem Auge nicht sichtbar, etwa 0,05 Millimeter	relativ groß, mit bloßem Auge gerade sichtbar, etwa 0,1 Millimeter
Bau	Kopf mit Zellkern, Mittelstück, Schwanz	Eihülle, Dotter, Zellkern

Von der Befruchtung bis zur Geburt

Seite 126–128

1 Nenne die Aufgaben der männlichen und weiblichen Geschlechtshormone!
Die männlichen und weiblichen Geschlechtshormone bewirken während der Pubertät jeweils die Reifung der Geschlechtsorgane und die Ausbildung der sekundären Geschlechtsmerkmale von Jungen und Mädchen. Beim Mädchen steuern die weiblichen Geschlechtshormone zudem den monatlichen Zyklus.

2 Erkläre, weshalb Mädchen und Jungen ab dem Eintritt der Pubertät Eltern werden können!
Ab dem Eintritt der Pubertät bilden Jungen reife Spermienzellen und Mädchen einmal monatlich eine reife Eizelle. Eine solche Eizelle kann von einer reifen Spermienzelle befruchtet werden. Deshalb können Jungen und Mädchen ab dem Eintritt der Pubertät Eltern werden.

3 Beschreibe die Embryonalentwicklung eines Menschen!
Wird eine Eizelle im Eileiter befruchtet, beginnt sich die so entstandene Zygote zu teilen. Flimmerhärchen im Eileiter transportieren das entstehende Zellhäufchen in die Gebärmutter. Es nimmt allmählich eine kugelige Gestalt an und wird nun Maulbeerkeim genannt. Im Inneren der Kugel sammelt sich Flüssigkeit, der Maulbeerkeim wird zum Bläschenkeim. Dieser nistet sich in der Gebärmutterschleimhaut ein. Die Zellen im Inneren des Bläschenkeims differenzieren sich, zum Beispiel zu Haut- und Blutzellen. Aus den differenzierten Zellen entsteht langsam der Embryo. Nach einem Monat ist zum Beispiel das Herz entstanden. Nach drei Monaten sind alle Organe des Embryos angelegt.

4 Nenne Einflüsse, die die Entwicklung des werdenden Kindes schwer schädigen können!
Alkohol, Nikotin, Drogen, bestimmte Medikamente sowie Krankheitserreger, wie zum Beispiel die Erreger der Röteln.

Zusatzinformation: Als Beispiel für die Wirkung bestimmter Medikamente kann an dieser Stelle auf Contergan eingegangen werden.

5 Beschreibe die Unterschiede zwischen einem Fetus und einem Embryo!
Von einem Embryo spricht man vom ersten bis dritten Monat einer Schwangerschaft. Er entwickelt bereits differenzierte Zellen wie Haut- und Blutzellen.
Nach drei Monaten sind alle Organe angelegt. Erst dann spricht man von einem Fetus. Die angelegten Organe wachsen nur noch.

Seite 129 (Material)

Material A – Träume sind Schäume

A1 Interpretiere die Karikatur!
Das Mädchen und der Junge betrachten ihre Körperformen, das Mädchen seine Brust und der Junge seinen Oberarm. Beide vergleichen sich mit den „Idealformen“, die in den Blasen dargestellt sind. Bei der Frau fällt hier vor allem der große Busen und die schmale Taille, bei dem Mann der muskulöse, breite Oberkörper und die kräftigen Oberarme auf.

A2 Nimm Stellung zu der Aussage: „Die Ausprägung der sekundären Geschlechtsmerkmale kann man durch den Willen beeinflussen."!

Die Ausbildung der sekundären Geschlechtsmerkmale wird durch Hormone gesteuert. Bei Jungen ist das vor allem Testosteron, bei Mädchen Östrogene. Produktionsbeginn und -menge dieser Hormone sind individuell unterschiedlich und können nicht willentlich beeinflusst werden.

Die Ausprägung der sekundären Geschlechtsmerkmale, also wie groß beispielsweise der Busen oder die Muskeln der Oberarme werden, hängt unter anderem von diesen Geschlechtshormonen ab. Daneben spielen aber auch Ernährung und Training eine Rolle: Beispielsweise wird die Fetteinlagerung in die Unterhaut durch kalorienreiche Nahrung gefördert, und Training führt zu Muskelwachstum.

Gestufte Hilfe: Berücksichtige die Rolle der Hormone.

Zusatzinformation: Nicht berücksichtigt wurde in der Lösung, dass hier Vererbung eine wichtige Rolle spielt und beide Geschlechter auch das Geschlechtshormon des anderen Geschlechts produzieren, wenn auch nur in geringer Menge. Die individuelle Mischung dieser Hormone ist das entscheidende Moment für die individuelle Ausprägung der sekundären Geschlechtsmerkmale.

A3 Beurteile, ob die dargestellten Formen von Mann und Frau erstrebenswert sind!

Hier sind individuell sehr unterschiedliche Lösungen denkbar, die als Grundlage für eine Diskussion über individuelles Schönheitsempfinden und die Wertschätzung des eigenen Körpers dienen können.

Material B – Veränderungen in der Schwangerschaft

B1 Beschreibe die in der Abbildung sichtbaren körperlichen Veränderungen zwischen dem 2. und dem 9. Monat!

Die Gebärmutter wird zwischen dem 2. und dem 9. Monat sehr stark ausgedehnt und drückt die sie umgebenden inneren Organe, die Harnblase, den Darmtrakt, die Leber und die Lunge, stark zusammen. Der Bauch wölbt sich vor.

Zusatzinformation: Weiterhin vergrößern sich die Brüste durch das Wachstum der Milchdrüsen, und es entsteht ein Hohlkreuz.

B2 Spätestens ab dem 7. Monat fällt der Mutter das Atmen immer schwerer. Stelle zwei Vermutungen über mögliche Ursachen an!

Vermutung 1: In der Abbildung ist zu sehen, dass die wachsende Gebärmutter die inneren Organe und damit auch die Lunge zusammendrückt. Die Mutter kann also beim Atmen nicht mehr so viel Luft in die Lunge aufnehmen wie vor der Schwangerschaft und hat daher Atembeschwerden.

Vermutung 2: Der wachsende Fetus benötigt immer mehr Sauerstoff, der über den Blutkreislauf der Mutter zu ihm transportiert wird. Die Mutter muss also für das werdende Kind mitatmen und immer mehr Luft ein- und ausatmen. Das führt zu Atembeschwerden.

Gestufte Hilfe: Überlege, wie sich das Wachstum des Embryos beziehungsweise Fetus auf die Organe der werdende Mutter auswirkt und wie der Embryo beziehungsweise Fetus während der Schwangerschaft versorgt wird.

B3 Das ungeborene Kind wiegt im 3. Monat etwa 15 Gramm und bei der Geburt 3 bis 4 Kilogramm. Die Mutter nimmt im gleichen Zeitraum um 10 bis 11 Kilogramm zu. Erkläre diesen Unterschied!

Zieht man die 3 bis 4 Kilogramm des Fetus ab, so nimmt die Mutter zusätzlich um 7 bis 8 Kilogramm zu. Die Ursache dafür ist, dass nicht nur der Fetus wächst, sondern mit ihm auch die Fruchtblase samt Fruchtwasser sowie der Mutterkuchen.

Zusatzinformation: Außerdem nehmen während der Schwangerschaft die Fetteinlagerungen in der Unterhaut sowie die Milchdrüsen in den Brüsten an Größe und damit Masse zu.

Material C – Vierlinge

C1 Gib an, aus wie vielen Eizellen die Vierlinge vermutlich entstanden sind! Begründe deine Entscheidung!

Die Vierlinge sind vermutlich aus drei Eizellen entstanden. Da die Jungen sich sehr ähnlich sehen, sind sie wohl eineiige Zwillinge. Ihre Geschwister haben ein anderes Geschlecht, weshalb sie aus mindestens einer anderen Eizelle entstanden sein müssen. Da sie zudem verschieden aussehen, sind sie wohl zweieiige Zwillinge.

Gestufte Hilfe: Achte auf die unterschiedlichen Ähnlichkeiten der Vierlinge.

C2 Nenne die Unterschiede zwischen eineiigen und zweieiigen Zwillingen!

Eineiige Zwillinge entstehen aus derselben befruchteten Eizelle, die sich vor Beginn der Embryonalentwicklung noch einmal teilt. Sie haben das gleiche Geschlecht und sehen gleich aus.

Zweieiige Zwillinge entstehen aus zwei befruchteten Eizellen. Sie können unterschiedlichen Geschlechts sein und auch sehr unterschiedlich aussehen.

Zusatzinformation: Wenn die eineiigen Zwillinge durch Trennung der Zellen nach der ersten Furchung (Zwei-Zellstadium) entstehen, bildet sich jeweils eine eigene Plazenta. Bei Trennungen in späteren Stadien bildet sich nur eine gemeinsame Plazenta. Diese zweite Art der Entstehung von eineiigen Zwillingen ist relativ selten.

Verhütung

Seite 130–132

1 Nenne Vor- und Nachteile von natürlichen, mechanischen und chemischen Verhütungsmethoden!

natürliche Verhütungsmethoden:

Vorteile: Man muss nichts kaufen.

Nachteile: Die natürlichen Methoden sind sehr unsicher. Die Kalender- und die Temperaturmethode erfordern außerdem regelmäßige Zyklen und viel Erfahrung.

mechanische Verhütungsmethoden:

Vorteile: Diese Methoden sind recht sicher. Das Kondom schützt außerdem vor sexuell übertragbaren Krankheiten wie Aids.

Nachteile: Das Kondom und das Diaphragma müssen richtig angewandt werden. Die Spirale ist wegen möglicher Nebenwirkungen für junge Frauen nicht geeignet.

chemische Verhütungsmethoden:

Vorteile: Sie erhöhen die Sicherheit der Verhütung, wenn sie in Kombination mit anderen Verhütungsmitteln angewandt werden.

Nachteile: Sie gelten als relativ unsicher. Manche Präparate können ein Kondom porös machen.

2 Nenne Vor- und Nachteile der Pille!

Vorteile: Die Pille ist sehr sicher und auch für junge Frauen gut geeignet. Man muss nicht kurz vor oder während des Geschlechtsverkehrs daran denken, sie zu benutzen. Sie kann außerdem Menstruationsbeschwerden lindern.

Nachteile: Die Pille muss vom Frauenarzt verschrieben werden. Man muss sie täglich einnehmen, die Mini- und Mikropille sogar auf die Stunde genau. Wird die Pille nicht regelmäßig eingenommen oder kommt es nach Einnahme der Pille zu Erbrechen oder Durchfall, besteht in dem Monat kein sicherer Empfängnisschutz. Außerdem kann die Pille unerwünschte Nebenwirkungen haben, wie zum Beispiel eine Gewichtszunahme.

Seite 133 (Material)

Material A – Pearl-Index

A1 Ordne die Verhütungsmittel nach dem Grad ihrer Sicherheit!

Von unsicher bis sehr sicher ergibt sich anhand der Mittelwerte folgende Reihenfolge:
chemische Verhütungsmittel – Coitus interruptus – Diaphragma – Kalendermethode – Kondom – Spirale – Temperaturmethode – Minipille – Verhütungsring – Pille – Verhütungsstäbchen

Zusatzinformation: In der Literatur sind auch andere Werte des Pearl-Index' zu finden, die teilweise zu einer abweichenden Bewertung der Sicherheit führen.

Gestufte Hilfe: Berechne zunächst die jeweiligen Mittelwerte.

A2 Nenne die Verhütungsmethoden, die sich für Jugendliche weniger eignen! Begründe!

Für Jugendliche weniger geeignet sind:
- die Kalender- und die Temperaturmethode, weil sie regelmäßige Zyklen und viel Erfahrung erfordern;
- die Spirale, weil sie mögliche Nebenwirkungen hat.

A3 Stelle Vermutungen an, weshalb im Pearl-Index oft keine genauen Werte angegeben werden!

Folgende Vermutungen könnten geäußert werden:
- Untersuchungen in verschiedenen Jahren haben zu verschiedenen Ergebnissen geführt.
- Untersuchungen in verschiedenen Ländern führen zu verschiedenen Ergebnissen.
- Abweichungen erklären sich dadurch, dass im einen Fall nur das „Versagen“ der Methode erfasst wurde, im anderen Fall aber auch noch die „Versager“, die auf die fehlerhafte Anwendung der Methode zurückzuführen sind.
- …

Material B – Kondom

B1 Nenne Vorteile des Kondoms gegenüber anderen Verhütungsmitteln!

Es ist das einzige Verhütungsmittel, das vor sexuell übertragbaren Krankheiten wie Aids schützt. Weiterhin ist das Kondom das einzige Verhütungsmittel, das der Mann verwenden kann.

B2 Erläutere, auf welchen Vorteil des Kondoms die Abbildung anspielt!

Das Plakat zeigt ein Kondom über einem Maiskolben, der für einen Penis steht. Der Maiskolben/Penis „poppt sicher“ hat also sicheren Geschlechtsverkehr, weil das Kondom ihn vor Aids schützt („Gib Aids keine Chance!“). Das Plakat ruft also dazu auf, beim Geschlechtsverkehr Kondome zu benützen („mach's mit“).

B3 Recherchiere auf der Internetseite der Bundeszentrale für gesundheitliche Aufklärung, welche Fehler man bei der Benutzung eines Kondoms machen kann!

Unter anderem werden folgende Hinweise gegeben:
- Kondom kühl lagern, Verfallsdatum beachten
- beim Aufreißen keine spitzen Gegenstände benutzen (Fingernägel!)
- vor der Benutzung Luft aus dem Reservoir drücken
- Vorhaut zurückziehen, Kondom behutsam abrollen
- Öle und Fette zerstören das Kondom
- beim Herausziehen des Penis das Kondom festhalten
- Kondom nur einmal gebrauchen

Material C – Temperaturmethode

C1 Beschreibe den Kurvenverlauf!

Am ersten Tag des Zyklus (Beginn der Menstruation) beträgt die gemessene Körpertemperatur 37,0 °C und sinkt bis zum 13. Tag mit leichten Schwankungen um etwa 0,5 °C ab. Vom 14. Tag bis zum 16. Tag ergibt sich ein deutlicher Anstieg der Kurve um 0,5 °C, und danach bleibt die Temperaturkurve mit leichten Schwankungen auf diesem hohen Niveau (etwa 37,0 °C).

C2 Begründe, an welchem Tag des Zyklus der Eisprung vermutlich stattgefunden hat!

Da sich die Körpertemperatur nach dem Eisprung bis gegen Ende des Zyklus um mindestens 0,2 °C erhöht, hat der Eisprung vermutlich am 14. Tag des dargestellten Zyklus stattgefunden.

C3 Nenne andere mögliche Ursachen für einen länger anhaltenden Anstieg der Temperaturkurve!

– Krankheit (Fieber);
– seelische oder körperliche Belastungen (zum Beispiel Stress, Reisen)

Informationssysteme

1 Sinnesorgane des Menschen

Der Mensch nimmt viele Reize wahr

Seite 138–140

1 Beschreibe den Unterschied zwischen einem Sinn und einer Sinneszelle!
Ein Sinn stellt die Fähigkeit unseres Körpers dar, einen Reiz aufzunehmen. Hierfür benötigt der Körper je nach Reiz das entsprechende Sinnesorgan.
Eine Sinneszelle hingegen ist ein spezialisierter Rezeptor innerhalb eines Sinnesorgans, der Reize aufnehmen und in Erregung umwandeln kann.

2 Erkläre, was man unter einem adäquaten Reiz versteht!
Wenn ein Reiz zu einer Sinneszelle passt, von dieser aufgenommen und in Erregung umgewandelt werden kann, dann ist dies ein adäquater Reiz.

3 Stelle in einem Pfeildiagramm den Weg von einem Reiz bis zur Wahrnehmung dar!
Reiz → Sinnesorgan → Sinneszelle → Nerv → Gehirn → Wahrnehmung

Seite 141 (Material)

Material A – Reize und Sinnesorgane

A1 Beschreibe die Situation der Personen!
Die Personen sitzen in einer Achterbahn und strecken die Arme in die Höhe. Sie haben den höchsten Punkt erreicht, blicken in den Abgrund und befinden sich kurz vor der Abwärtsfahrt der Bahn. Ihr Gesichtsausdruck ist freudig, aber auch angstvoll.

A2 Nenne die Reize, die auf die Personen einwirken!
Druck des Fahrtwinds, Temperatur, Bewegung des Körpers, Druck der Sitze, Geräusche, Licht.

A3 Begründe, welche Sinnesorgane besonders aktiv sind!
Fahrtwind, Temperatur, Bewegung des Körpers, Druck, Geräusche und Licht sind Einflüsse aus der Umwelt, die in diesem Moment auf den Körper einwirken. Diese Reize werden von den entsprechenden Sinnesorganen aufgenommen. Fahrtwind, Temperatur und Druck werden über die Haut aufgenommen, die Bewegung des Körpers über den Gleichgewichtssinn im Innenohr, die Geräusche über die Ohren und das Licht über die Augen. Es sind somit alle Sinnesorgane bis auf die Nase und die Zunge besonders aktiv. Während einer Fahrt mit der Achterbahn wirken kaum Geschmacks- oder Geruchsstoffe aus der Umwelt auf den Körper ein.

A4 Beschreibe eine andere Situation in einem Freizeitpark und erkläre, welche Sinnesorgane dabei besonders aktiv sind!
individuelle Schülerlösung. Ein mögliches Beispiel ist:
Ein Ball muss mithilfe eines Wasserstrahls aus einer Wasserpistole in ein Ziel transportiert werden. Der Wasserstrahl muss so positioniert werden, dass der Ball ständig in einer Vorwärtsbewegung ist und durch ein Labyrinth ins Ziel gelangt.
Hierbei sind die Augen als Sinnesorgane besonders aktiv, da ständig die Position des Balles mit der des Wasserstrahls abgeglichen werden muss. Gleichzeitig wird über das Sinnesorgan Haut der Rückstoßdruck der Wasserpistole gespürt, welche durch die Arme immer wieder korrigiert werden muss, um den Ball ins Ziel zu transportieren.

Material B – Wahrnehmung

B1 Erstelle mithilfe der vorgegebenen Begriffe ein Pfeildiagramm, welches deutlich macht, wie Reize aus der Umwelt wahrgenommen werden!

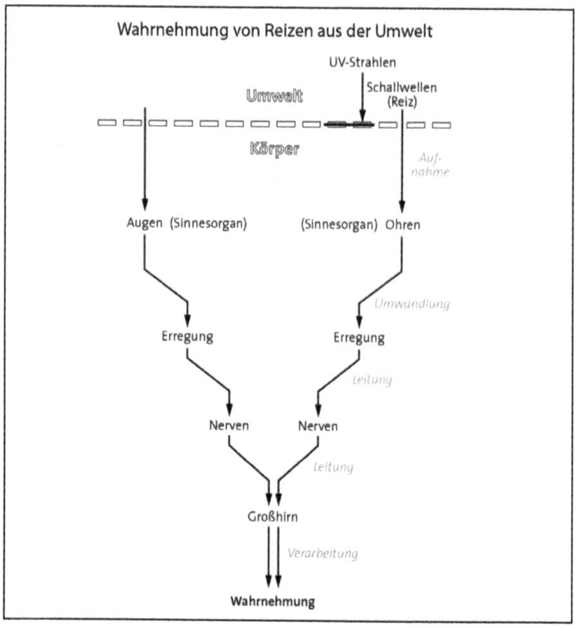

B2 Ergänze das erstellte Pfeildiagramm durch mindestens vier Fachbegriffe!

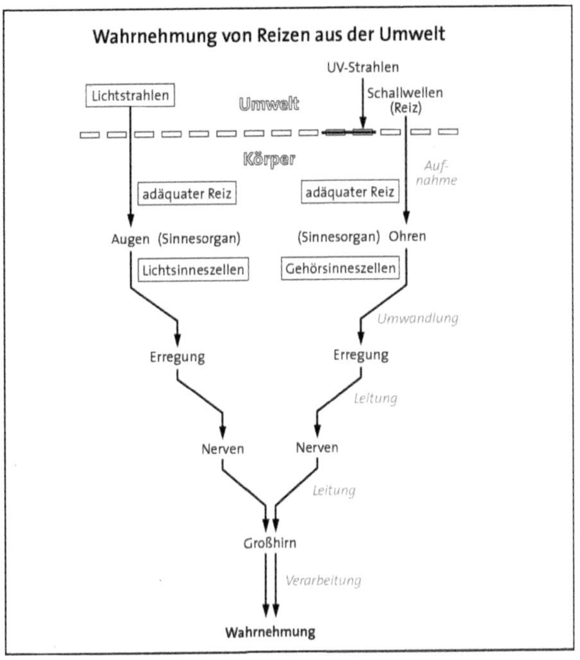

Gestufte Hilfe: Vorgabe der Fachbegriffe: Lichtsinneszellen, Gehörsinneszellen, adäquater Reiz, Lichtstrahlen, Haut, Temperatursinneszellen, Gehirnzentren

B3 Recherchiere im Internet, welche Tiere Magnetfelder wahrnehmen können! Erstelle einen Steckbrief für ein selbstgewähltes Tier!
Vögel (z.B. Tauben, Zugvögel), Bienen, Forellen, Flusskrebse, Langusten…

Steckbrief: individuelle Schülerleistung

Gestufte Hilfe:
Vorgabe der Begriffe für den Steckbrief: Name, Klasse, Größe, Alter, Aussehen, Ernährung, Nutzung des Magnetfeldes, Besonderheiten

B4 Recherchiere im Internet, welche Tiere UV-Strahlen wahrnehmen können! Erstelle eine Präsentation für ein selbstgewähltes Tier!
Fledermäuse, Delfine, Insekten (z.B. Honigbienen), Hunde, Katzen, Igel, Okapi, Wanderratte, Frettchen, Hausratte, Rentiere…

Präsentation: individuelle Schülerleistung

Das Auge

Seite 142–144

1 Ordne den von außen sichtbaren Teilen des Auges jeweils eine Aufgabe zu!

Lederhaut – Ansatzstelle der Augenmuskeln (*weitere mögliche Antwort: Schutzfunktion und Festigkeit des Auges)*
Hornhaut – Lichtbrechung *(weitere mögliche Antwort: Schutzfunktion)*
Iris – Regulation des Lichteinfalls
Pupille – Durchtrittsstelle für das Licht

2 Erkläre, weshalb Rennradfahrer eine Schutzbrille tragen!
Rennradfahrer tragen häufig eine Schutzbrille, damit keine Fremdkörper ins Auge gelangen. Bei hohen Geschwindigkeiten können sich die Augenlider meistens nicht rechtzeitig schließen, sodass bereits eine kleine Fliege unangenehme Folgen im Auge verursachen kann. Gleichzeitig schützt die Brille das Auge vor zu viel Sonnenlicht, wodurch ein Blenden des Rennradfahrers verhindert wird.

Seite 145 (Material)

Material A – Pupille

A1 Erkläre, weshalb es sinnvoll ist, nach der Untersuchung eine Sonnenbrille zu tragen!
Durch die weit geöffnete Pupille kann sehr viel Licht in das Auge gelangen und auf die Netzhaut treffen. Ist der Lichteinfall zu stark, kann die Netzhaut geschädigt werden. Mit einer Sonnenbrille wird der Lichteinfall reduziert und eine Blendung verhindert.

Gestufte Hilfe: Die Pupille passt das Auge an die Lichtverhältnisse an.

A2 Erkläre, weshalb sich die Pupillen normalerweise verändern, wenn man aus einem hell beleuchteten in einen dunklen Raum kommt!
Auf dem Bild ist zu erkennen, dass das eine Auge eine weite und das andere Auge eine enge Pupille hat. In einem hell beleuchteten Raum sind die Pupillen normalerweise klein, damit nicht zu viel Licht durchgelassen wird und auf die Netzhaut trifft. Bei dem Betreten eines dunklen Raumes würden sich die Pupillen beider Augen weiten. Das ist deshalb notwendig, damit ausreichend Licht auf die Netzhaut trifft und man auch im dunklen Raum sehen kann. Die Iris reguliert so den Lichteinfall, wenn man aus einem hell beleuchteten Raum in einen dunklen Raum kommt, damit die Netzhaut immer genau die richtige Lichtintensität erhält.

A3 Stelle eine Vermutung an, weshalb das Medikament für einige Augenuntersuchungen erforderlich ist!
Da bei einer Augenuntersuchung auch das Innere des Auges untersucht wird, muss gewährleistet sein, dass der Arzt ins Innere schauen kann. Dies ist leichter möglich, wenn die Pupille dauerhaft weit geöffnet ist. Das kann durch ein Medikament erreicht werden. Sobald der Arzt ins Innere leuchtet, würde sich die Pupille ohne medikamentöse Behandlung sofort stark verkleinern.

Material B – Bildentstehung

B1 Begründe, welche Aussagen falsch sind!
Aussage 1 *"Bei der Nahakkommodation wird der Ringmuskel angespannt, wodurch sich die Linsenbänder entspannen, sodass sich die Linse abflacht."* ist falsch. Wenn die Linsenbänder entspannt sind, können sie keinen Zug auf die Linse ausüben und diese nicht abflachen. Im Gegenteil, die Linse krümmt sich dann stärker.

Aussage 2 *"Das Sehen in die Ferne strengt mehr an als das Lesen eines Buches."* ist falsch. Bei der Nahakkommodation muss der Ringmuskel angespannt werden, damit die Linse sich wölben kann. Dies strengt mehr an als das Abflachen der Linse bei der Fernakkommodation. Hierbei ist der Ringmuskel entspannt.

Aussage 4 *"Gelber Fleck" und "blinder Fleck" sind Begriffe für den gleichen Sachverhalt.* ist falsch.
Der blinde Fleck ist die Austrittstelle von Nervenfasern, an denen es keine Lichtsinneszellen gibt. Der gelbe Fleck hingegen besitzt eine hohe Konzentration an Zapfen und ist die Stelle des schärfsten Sehens.

B2 Formuliere die falschen Aussagen in einem Satz fachlich korrekt um!
Aussage 1: Bei der Nahakkommodation wird der Ringmuskel angespannt, wodurch sich die Linsenbänder entspannen, sodass sich die Linse wegen ihrer Eigenelastizität stärker wölbt.

Aussage 2: Das Lesen eines Buches strengt auf Dauer mehr an als das Sehen in die Ferne.

Aussage 4: "Gelber Fleck" und "blinder Fleck" sind keine Begriffe für den gleichen Sachverhalt.

B3 Beschreibe am Beispiel der Netzhaut den Zusammenhang zwischen Struktur und Funktion!
Die Netzhaut ist aus mehreren Zellschichten aufgebaut. Neben den Lichtsinneszellen sind auch viele Nervenzellen miteinander verschaltet. Diese Struktur der Netzhaut ermöglicht die Funktion der Aufnahme und Verarbeitung von Licht durch die Stäbchen und Zapfen, sowie die Weiterleitung der Information durch die Nervenzellen.

B4 Begründe, ob das Sehen in die Nähe oder Ferne anstrengender ist!
Da beim Sehen in die Nähe der Ringmuskel ständig angespannt sein muss, damit sich die Linse wölben kann, ist das Sehen in die Nähe anstrengender als das Sehen in die Ferne. Beim Sehen in die Ferne ist der Ringmuskel der Augen entspannt, damit sich die Linse abflachen kann und weit entfernte Gegenstände scharf gesehen werden.

B5 Nenne jeweils die Muskeln, die für die Adaptation und die Akkomodation erforderlich sind!
Adaptation – Muskeln der Iris
Akkomodation – Ringmuskel

Material C – Schutzmaßnahmen

C1 Beschreibe jeweils die Gefahren, die bei den beiden Sportarten für die Augen bestehen!
Beim *Schwimmen* besteht die Gefahr, dass zu viel Wasser in die Augen gelangt. Durch die Chemikalien im Schwimmbadwasser, vor allem das Chlor, kann es zu Reizungen der Augenschleimhäute kommen.
Beim *Skifahren* können zum Beispiel Steine als Fremdkörper aus dem Schnee hochgeschleudert werden. Diese können das Auge verletzten. Die Reflexion der Sonnenstrahlung durch den Schnee kann den Lichteinfall ins Auge erhöhen und die Lichtsinneszellen schädigen.

C2 Begründe jeweils mögliche Schutzmaßnahmen für die Augen!
Für das *Schwimmen* wäre eine Schwimmbrille eine geeignete Schutzmöglichkeit. Sie verhindert, dass die Augen direkten Kontakt mit dem Wasser bekommen.
Beim *Skifahren* kann eine Skibrille verhindern, dass Fremdkörpern ins Auge eindringen. Gleichzeitig kann sie die Sonneneinstrahlung deutlich verringern und dadurch die Augen vor Netzhautschäden schützen.

C3 Nenne zwei weitere Tätigkeiten, bei denen Gefahren für die Augen bestehen!
- Arbeiten mit Chemikalien im Schulunterricht
- Arbeiten mit Laserstrahlen in einem Forschungslabor

2 Hormonsystem

Hormone – Blutzuckerspiegel

Seite 150–152

1 Beschreibe die Abbildung 02!
In der Abbildung ist schematisch dargestellt, wie Informationen durch Hormone übertragen werden können. Die zwei Hormondrüsen auf der linken Seite der Abbildung geben jeweils andere Hormone an das rot gezeichnete Blutgefäß ab. Die Hormonteilchen der beiden berücksichtigten Hormone unterscheiden sich in ihrer Form und Farbe. Das Blutgefäß steht stellvertretend für das gesamte Blutgefäßsystem.

Im rechten Teil der Abbildung sieht man, dass die Hormone das Blutgefäß verlassen. Im umgebenden Gewebe heften sich die Hormonteilchen an Stellen der Zellmembran. Zu erkennen ist, dass das nur geschieht, wenn die Empfängerstellen der Membran, die Rezeptoren, zur Form der Hormone passen. Ob ein Hormon wirken kann, hängt also davon ab, dass die entsprechende Zelle passende Rezeptoren hat.

2 Beschreibe die Merkmale von Hormonen!

Hormone sind Wirkstoffe, die viele Prozesse im Körper steuern und regeln.
Sie werden von besonderen Drüsen gebildet und ins Blut abgegeben.
Sie sind schon in sehr geringen Mengen wirksam.
Ein bestimmtes Hormon kann nur auf die Zellen wirken, die auf der Oberfläche ihrer Membran Rezeptoren haben, die zu ihm passen.
Die Leitung der Information, die durch Hormone vermittelt wird, ist langsam. Sie erfolgt nur mit der Geschwindigkeit des Blutstroms.
Die Wirkung von Hormonen kann lange andauern.

Seite 153 (Material)

Material A – Blutzuckerspiegel

A1 Erkläre den Kurvenverlauf!

Der wellenförmige Verlauf der Kurve schwankt zwischen den Werten von etwa 60 und 140 Milligramm pro 100 Milliliter Blut. Die Anstiege der Kurve sind die Folge von Mahlzeiten, durch die Glukose aus dem Dünndarm ins Blut gelangt. Die fallenden Bereiche der Kurve kommen zustande, wenn Insulin ausgeschüttet wurde und dadurch vermehrt Glukose aus dem Blut in die Zellen aufgenommen werden konnte.

A2 Begründe mithilfe der Grafik, ob Fachleute drei große Mahlzeiten pro Tag oder mehrere kleine empfehlen!

Drei große Mahlzeiten können jeweils einen starken Anstieg des Blutzuckerspiegels zur Folge haben. Um ihn senken zu können, muss jeweils mehr Insulin ausgeschüttet werden als nach kleineren Mahlzeiten. Der Blutzuckerspiegel schwankt bei mehreren kleineren Mahlzeiten während eines Tages zwischen geringeren Werten. Die Belastung der Bauchspeicheldrüse ist daher geringer. Ebenso ist die Intensität bestimmter Stoffwechselvorgänge geringer. Zum Beispiel muss weniger Glukose zu Fett oder Glykogen umgewandelt werden.

Gestufte Hilfe: Berücksichtige die Intensität, mit der Hormondrüsen arbeiten und mit der der Glykogen- und Fettstoffwechsel abläuft, nachdem der Blutzuckerspiegel stark oder weniger stark angestiegen ist.

A3 Erkläre, weshalb eine Kurve des Insulingehalts in der Grafik ähnlich wie die Glukosekurve, aber zeitlich versetzt verlaufen würde!

Ein Anstieg des Blutzuckerspiegels regt die Bauchspeicheldrüse an, Insulin ins Blut abzugeben. Die Insulinausschüttung beginnt also erst, nachdem der Blutzuckerspiegel angestiegen ist. Daher steigt die Insulinkurve im Diagramm etwas später an als die Glukosekurve. Der maximale Insulingehalt wird ebenfalls etwas später erreicht als der maximale Glukosegehalt.

Gestufte Hilfe: Überlege, wodurch die Ausschüttung von Insulin ins Blut angeregt wird.

Material B – Zuckerbelastungstest

B1 Stelle die Testergebnisse in einem geeigneten Diagramm dar!

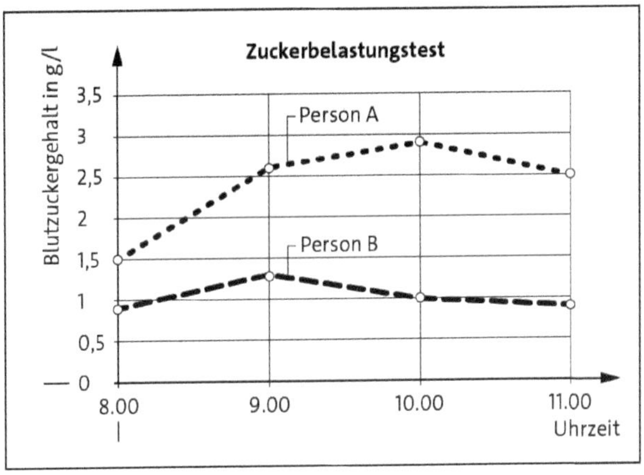

Gestufte Hilfen:
Hilfe 1: Geeignet ist ein Liniendiagramm, weil man mit seiner Hilfe besonders deutlich den zeitlichen Verlauf der sich ändernden Zustände darstellen kann.
Hilfe 2: Vorgabe der Achsenbeschriftung
Hilfe 3: Vorgabe der Achsenskalierung
(x-Achse: 2 cm = 1h; y-Achse: 1 cm = 1 g / l;)

B2 Vergleiche die Testergebnisse der beiden Testpersonen!

Bei beiden Testpersonen steigt der Blutzuckergehalt zunächst an und fällt dann wieder.
Die Werte des Zuckerbelastungstests liegen um 08.00 Uhr bei Person A 1,5 g/l, bei Person B bei 0,9 g/l. Der Blutzuckerspiegel der Person A steigt schneller und auf einen viel höheren Wert an als der der Person B. Ebenso senkt sich der Blutzuckerspiegel der Person A viel langsamer als der der Person B. Er liegt um 11.00 Uhr bei Person A bei 2,5 g / l), bei Person B bei 0,9 g /l).

B3 Begründe, weshalb eine der beiden Personen unter Diabetes leidet!

Die Person A leidet unter Diabetes. Der rasche Anstieg und die hohen Werte des Blutzuckerspiegels der Person A sind darauf zurückzuführen, dass Glukose in zu geringem Maße aus dem Blut in die Zellen aufgenommen wird und der Blutzuckerspiegel daher nicht mehr ausreichend gesenkt werden kann. Meistens ist die Ursache eine zu geringe Ausschüttung von Insulin ins Blut. Insulin fördert die Aufnahme von Glukose in die Zellen.

B4 Stelle Vermutungen an, wie sich der Blutzuckerspiegel der Person B ändern würde, wenn ihr um 11 Uhr Glukagon gespritzt wird! Begründe!

Vermutlich wird das eingespritzte Glukagon den Blutzuckerspiegel wieder steigen lassen. Das ist möglich, weil Glukagon den Abbau von gespeichertem Glykogen zu Glukose fördert. Dadurch gelangt mehr Glukose ins Blut.

Material C – Diabetes und Übergewicht

C1 Gib den Inhalt des Textes in eigenen Worten wieder!

Die Inhaltsangabe sollte enthalten:

- Fettleibigkeit erhöht das Risiko, an Diabetes zu erkranken.
- Die Anzahl der fettleibigen Menschen hat sich in den Entwicklungsländern erhöht, die eine westliche Lebensweise angenommen haben.
- Es ist damit zu rechnen, dass sich weltweit die Anzahl der Diabetiker sehr stark erhöhen wird.

Gestufte Hilfe: Schreibe zunächst die Begriffe des Textes auf, die in der Inhaltsangabe enthalten sein sollten. Verzichte eventuell auf die genaue Angabe der Zahlen.

Übersetzung des Textes:

Fettleibigkeit ist ein ernstes, weltweites Problem. Damit verbunden ist das Risiko, an Diabetes zu erkranken. Weltweit sind heute mehr als 1,1 Milliarden Erwachsene übergewichtig. Davon sind 312 Millionen fettleibig. In den vergangenen 20 Jahren hat sich die Zahl der fettleibigen Menschen in den Entwicklungsländern verdreifacht, die zu einer westlichen Lebensweise übergegangen sind. Die stärksten Anstiege sind zu verzeichnen im mittleren Osten, auf den pazifischen Inseln, in Süd-Ost-Asien, Indien und China. Infolgedessen ist zu erwarten, dass die Zahl der Diabetiker in diesen Ländern von 84 Millionen im Jahr 2000 steigen wird auf 228 Millionen im Jahr 2030.

C2 Schlage auf der Basis des Textes Maßnahmen zur Verminderung der Anzahl der Diabetiker vor!

Menschen mit Übergewicht erkranken häufiger an Diabetes vom Typ 2, der Altersdiabetes, als normalgewichtige Menschen. Die wichtigsten Maßnahmen zur Verminderung der Anzahl der Diabetiker umfassen zwei Bereiche der Lebensführung:

1. Die Verringerung der Zufuhr von Glukose. Zu empfehlen ist, weniger zu essen, vor allem weniger Zucker und stärkehaltige Nahrung zu sich zu nehmen.
2. Der Abbau von gespeichertem Fett durch stärkere Aktivität des Körpers. Am leichtesten ist das durch Bewegungssport zu erreichen.

Zusatzinformation: Die Maßnahmen gelten vor allem für ältere Menschen, da das Risiko, an Diabetes vom Typ 2 zu erkranken, mit dem Lebensalter steigt.

Gestufte Hilfe: Überlege, welche Bedingungen dazu führen können, dass das Körpergewicht eines Menschen zu stark steigt.

C3 Stelle Vermutungen an, wie sich Zeiten von Nahrungsknappheit auf die Anzahl der Diabetiker auswirken!

Bei Nahrungsknappheit werden weniger Nährstoffe aufgenommen und daher auch weniger Fett im Körper aufgebaut und gespeichert. Daher werden weniger Menschen übergewichtig. Übergewicht ist mit dem Risiko verbunden, an Diabetes vom Typ 2 zu erkranken. Bei geringerer Anzahl von Übergewichtigen wird daher vermutlich auch die Anzahl der Diabetiker sinken. Es ist damit zu rechnen, dass die Anzahl der Diabetiker in Zeiten des Nahrungsmangels stark sinkt, weil der Typ 2 des Diabetes, der Altersdiabetes, viel häufiger ist als der Typ 1, der Jugenddiabetes.

C4 Recherchiere Vorsorgemaßnahmen, um Altersdiabetes entgegenzuwirken!

Beispiel für Empfehlungen:

- Übergewicht verringern;
- täglich mindestens 30 Minuten Bewegungen einplanen (z.B. Spaziergänge, Sport usw.);
- konsequent darauf achten, dass man sich gesund ernährt;
- darauf achten, dass man nicht zu viele Fette zu sich nimmt; berücksichtigen, dass häufig Fette in Lebensmitteln enthalten sind, in denen man sie nicht vermutet (versteckte Fette);
- auf Softdrinks verzichten (Limonaden, Cola usw.);
- jeden Tag einige Tassen Kaffee trinken;
- alkoholische Getränke nur in Maßen zu sich nehmen;
- nicht rauchen;
- darauf achten, dass der Blutdruck im Rahmen der normalen Werte bleibt;
- ausreichend lange schlafen;
- Stress vermeiden, für genügend Zeit der Ruhe und Gelassenheit und Entspannung sorgen.

(verändert nach: Empfehlungen der Deutschen Diabetes Stiftung)

Zusatzinformation: Empfehlungen für Vorsorgemaßnahmen findet man zum Beispiel auf den Internetseiten von:
Deutsche Diabetes Stiftung
Internisten im Netz
DKV – Deutsche Krankenversicherung

Stress

Seite 154–155

1 Erläutere, wie du den Teufelskreis in Abbildung 03 unterbrechen könntest!
individuelle Schülerlösung
Mögliche Vorschläge zur Unterbrechung des Teufelskreises:
- grundsätzlich den Teufelskreis nicht mit einer großen Anstrengung vollständig unterbrechen und beseitigen, sondern mit kleinen Veränderungen beginnen;
- in kleinen Schritten dafür sorgen, dass Erfolge eintreten, zum Beispiel bei der Vorbereitung auf Tests und Klassenarbeiten. Etwas früher mit dem Lernen beginnen und Wiederholungen des Gelernten einplanen;
- Hilfe suchen, um die Noten zu verbessern, zum Beispiel durch zeitlich begrenzten Nachhilfeunterricht, bis die Noten besser werden;
- im Unterricht so gut aufpassen und mitarbeiten, dass man zu Hause weniger Arbeit hat und damit mehr Zeit für Tätigkeiten bleiben, die Freude machen und Erholung ermöglichen;
- belastende Gedanken an noch ausstehende, unangenehme Pflichten vermindern, indem man Aufgaben, zum Beispiel Hausaufgaben und Vorbereitungen auf Prüfungen, möglichst bald erledigt und nicht aufschiebt;
- mit Freunden oder Freundinnen Vorhaben und Pläne zur Steigerung der Motivation besprechen und sich gegenseitig dabei helfen, die Motivation zu steigern;
- bei der Vorbereitung von Tests und Klassenarbeiten mit anderen zusammenarbeiten;
- überlegen, in welchen Fächern es am leichtesten fallen würde, die Motivation zu steigern, und sich dann zunächst vor allem in solchen Fächern stärker bemühen;
- ehrlich überlegen, welchen Anteil man selber an der geringen Motivation hat und ob nur andere dafür verantwortlich sind, dass man selber wenig Interesse an bestimmten Fächern hat;
- sich fragen, ob die Unzufriedenheit mit den eigenen Leistungen berechtigt ist oder ob man bei den Erwartungen an sich selbst bescheidener sein sollte (versuchen, Ehrgeiz zu vermindern, die Grenzen der eigenen Leistungsfähigkeit zu erkennen u.ä.);
- sich weniger mit anderen vergleichen;
- die Erwartungen, die andere an mich haben, weniger ernst nehmen und überprüfen, ob die Erwartungen anderer erfüllbar sind;
- mit denjenigen, die am Streit beteiligt sind, reden, die eigene Situation ehrlich darstellen und kleine Schritte zur Vermeidung von Streit vereinbaren;
- allgemein die Belastungen reduzieren, die in Abbildung 01 erwähnt werden.

2 Nenne Situationen, die dich häufig unter Stress setzen!
individuelle Schülerlösung

3 Erläutere die Aussage „Angst macht dumm"!
Angst ist eine bedeutende Ursache für Langzeitstress. Daher führt Angst dazu, dass die Nebenniere bestimmte Stresshormone an das Blut abgibt, die unter anderem zu Konzentrationsschwierigkeiten und Blackouts führen. Blackouts und die Unfähigkeit, sich zu konzentrieren, können ganz wesentlich dafür verantwortlich sein, dass wir nur geringe Erfolge haben, wenn intellektuelle Leistungen von uns verlangt werden, zum Beispiel bei Prüfungen. Wir machen dann eventuell den Eindruck, dumm zu sein.
Daneben können diese Hormone der Nebenniere aber auch das Selbstvertrauen verringern und unberechtigte Schuldgefühle hervorrufen. Wenn Gedankenkreisel auftreten, bekommt man Schwierigkeiten, sich gedanklich mit der Lösung von Aufgaben zu beschäftigen. Auch alle diese Folgen der Angst können unsere intellektuelle Leistungsfähigkeit herabsetzen und dazu führen, dass man uns für dumm hält.

3 Sucht und Drogen

Sucht hat viele Gesichter

Seite 156–158

1 Beschreibe die Unterschiede zwischen Gewohnheiten und Süchten!
Bei einer Sucht muss die Dosis dauernd erhöht werden. Außerdem verliert der Betroffene zunehmend die Fähigkeit, sich für das Suchtverhalten oder den Drogenkonsum frei entscheiden zu können. Er leidet unter seelischen, oft auch unter körperlichen Schäden. Beim Unterlassen des Suchtverhaltens oder Absetzen des Drogenkonsums kommt es zu seelischen und oft auch körperlichen Entzugserscheinungen. Dies alles trifft auf Gewohnheiten nicht zu.

2 Beschreibe die Bereiche, von denen die Wahrscheinlichkeit einer Suchtentstehung abhängt!
Persönlichkeit: Hierzu gehören persönliche Merkmale wie das Ausmaß der Geborgenheit in der Familie und im Freundeskreis, das Wohlbefinden in der Schule oder am Arbeitsplatz, das allgemeine Selbstvertrauen, die Fähigkeiten, mit Lebensproblemen sinnvoll umgehen zu können, die erbliche Anfälligkeit und der allgemeine gesundheitliche Zustand.
Gesellschaft: Dieser Bereich umfasst allgemeine Voraussetzungen wie die Duldung und Förderung beziehungsweise die Ablehnung und Strafverfolgung des Suchtverhaltens oder Drogenkonsums in der Öffentlichkeit, die öffentliche Werbung und die Verdienstmöglichkeiten beim Drogenverkauf.
Suchtmerkmale: Zu diesem Bereich gehören die direkten Auswirkungen des Suchtverhaltens oder Drogenkonsums auf den Süchtigen, das heißt wie stark und schnell eine seelische oder körperliche Abhängigkeit ausgelöst wird, ob unangenehme Nebenwirkungen oder sogar körperliche Schäden hervorgerufen werden, wie hoch die mit der Sucht verbundenen Kosten sind und wie leicht das Suchtverhalten ausgeübt oder das Suchtmittel beschafft werden kann.

3 Erläutere die Bedeutung der eigenen Persönlichkeit für die Suchtvorbeugung!
Die Hauptursache der Suchtentstehung ist ein Mangel an Glücksgefühlen. Die Versuchung, diesen Mangel durch ein Suchtverhalten oder ein Suchtmittel auszugleichen, ist umso geringer, je geborgener man sich in seiner Familie und im Freundeskreis fühlt, je wohler man sich in der Schule oder am Arbeitsplatz fühlt, je größer das eigene Selbstvertrauen ist und je besser man mit alltäglichen oder ungewöhnlichen Problemen sinnvoll umgehen kann. Außerdem können die erbliche Veranlagung und der gesundheitliche Allgemeinzustand eine Rolle spielen.
Zusatzinformation: Hier sind auch individuelle Ergänzungen und persönliche Akzentuierungen durch die Schülerinnen und Schüler sinnvoll, da sie eine konkrete Ausgangsbasis für ein Gespräch in Kleingruppen oder im Plenum bieten können.

4 Erläutere an einer der in Abbildung 04 dargestellten Aktivitäten, wie diese einer Suchtentstehung vorbeugen kann!
Alle vier Aktivitäten bieten die folgenden Chancen zur Suchtvorbeugung:
Die Beschäftigung mit selbst gewählten, spielerischen Herausforderungen und damit verbundene Erfolgserlebnisse können echte Glücksgefühle erzeugen und das Selbstvertrauen stärken. Das Erleben von Hilfe und Unterstützung bei diesen Aktivitäten kann Vertrauen und Geborgenheit vermitteln. Das Bewältigen von großen Herausforderungen im Team kann vertrauensvolle Freundschaften entwickeln und festigen.
Zusatzinformationen: Hier sind auch weitere persönliche Einschätzungen durch die Schülerinnen und Schüler sinnvoll, da das individuelle Erleben in allen Fällen der entscheidende Maßstab ist.

Seite 159 (Material)

Material A – Suchtverhalten

A1 Beschreibe das Suchtverhalten, das den drei Abbildungen jeweils zu Grunde liegt!
Abbildung A: Dauerhaft zwanghaftes Verhalten beim Sport führt zu einer Gefährdung der körperlichen Gesundheit (absolute Erschöpfung).
Abbildung B: Dauerhaft zwanghaftes Verhalten beim Medienkonsum ohne Rücksicht auf die Bedürfnisse nach Schlaf und Nahrung führt zu einer Gefährdung der körperlichen Gesundheit.
Abbildung C: Dauerhaft zwanghaftes Verhalten beim Glücksspiel führt zu einer Gefährdung der seelischen Gesundheit (Verzweiflung) und zu finanziellen Schäden.

A2 Stelle Vermutungen an, welche Ursachen zu den dargestellten Süchten geführt haben könnten!
Abbildung A: Ein Mangel an Erfolgserlebnissen oder Anerkennung in anderen Lebensbereichen könnte zur Abhängigkeit von sportlichen Erfolgserlebnissen geführt haben.
Abbildung B: Ein Mangel an Machterlebnissen und Anerkennung im realen Leben könnte zur Abhängigkeit von virtuellen Machterlebnissen beim Medienkonsum geführt haben.
Abbildung C: Ein Mangel an Erfolgserlebnissen in anderen Lebensbereichen könnte zur Abhängigkeit von Erfolgen beim Glücksspiel geführt haben.

A3 Beschreibe, wie die Betroffenen der Entstehung ihrer Süchte jeweils hätten vorbeugen können!
Abbildung A: Der Betroffene hätte darauf achten müssen, den Spaß und Genuss am Sport in den Vordergrund zu stellen und sich nicht nur an Leistungserfolgen orientie-

ren dürfen. Er hätte bei allem Engagement und aller Leidenschaft auf seine körperliche und seelische Gesundheit stärker achten müssen. Schließlich hätte er sich auch in anderen Lebensbereichen um Erfolgserlebnisse bemühen müssen.
Abbildung B: Der Betroffene hätte auf seine Bedürfnisse nach Bewegung, Nahrung und Erholung achten müssen. Er hätte auch in anderen Bereichen versuchen müssen, sein reales Leben aktiv zu bestimmen. Schließlich hätte er bemerken müssen, dass seine virtuellen Machterlebnisse beim Medienkonsum keinerlei positiven Einfluss auf sein wirkliches Leben haben.
Abbildung C: Der Betroffene hätte seine finanziellen Verhältnisse nicht aus den Augen verlieren dürfen. Er hätte bemerken müssen, dass nicht mehr der Spaß am Spiel im Vordergrund stand, sondern ein zwanghaftes Verlangen die Kontrolle über ihn gewonnen hat. Deshalb hätte er sich schon frühzeitig auch in anderen Lebensbereichen um reale oder spielerische Erfolge bemühen müssen.

Material B – Glücksgefühle

B1 Beschreibe deine wichtigsten „Glücksgießkannen"!
individuelle Schülerlösung. Zum Beispiel: Beschreibungen zu Themen wie Familie, Freunde, Sport, Musik oder andere Hobbys, Religion, Haustier, Natur.
Zusatzinformation: Diese Aufgabe sollte anonym schriftlich gestellt werden, um möglichst ertragreiche Ergebnisse zu erzielen, die im Plenum oder in Kleingruppen besprochen werden können.

B2 Erkläre, weshalb die Suchtgefahr steigt, wenn jemand wenige oder nur eine einzige „Glücksgießkanne" besitzt!
In diesem Fall erlebt man Glücksgefühle immer wieder in den gleichen Zusammenhängen und kann deshalb kaum noch auswählen. So kann man sein Verhalten auf der Suche nach positiven Erlebnissen kaum noch frei bestimmen und wird von einzelnen Glücksquellen abhängig. Daraus kann sich eine Sucht entwickeln.

Material C – Suchtgefahren

C1 Beschreibe mögliche Suchtgefahren, die sich aus den genannten Problemen entwickeln können!
Konflikte mit den Eltern: Zum Beispiel dauerhaftes Abtauchen in konfliktfreie, „heile", virtuelle Welten in den Medien (Fernsehsucht).
Unerreichbare Schönheitsideale. Zum Beispiel dauerhaftes Hungern (Magersucht) und maßloser Sport (Sportsucht).
Liebeskummer: Zum Beispiel immer wiederkehrendes Betrinken, um seelische Schmerzen verdrängen zu können (Alkoholsucht).
Einsamkeit: Zum Beispiel permanente Kommunikation in virtuellen sozialen Netzwerken wie Facebook und Twitter, um die Illusion von Gemeinschaft und Freundschaft erleben zu können (Internetsucht).
Misserfolge: Zum Beispiel endloses Spielen von strategischen oder kampfbetonten Computerspielen, um die Illusion von Macht und Erfolg erleben zu können (Computersucht).
Leistungsdruck: Zum Beispiel andauernder Missbrauch von Aufputsch- und Beruhigungsmitteln, um die erwünschten Leistungen erbringen zu können (Medikamentensucht).
Wenig Selbstvertrauen: Zum Beispiel dauerhaftes Abtauchen in scheinbar starke und mächtige, aber nicht reale Identitäten, zum Beispiel in Rollenspielen im Internet.
Zusatzinformation: Hier sind jeweils alle nachvollziehbar begründeten Suchtrisiken zu akzeptieren, da es sich stets um Bewältigungsmuster handelt, die subjektiv als wahrscheinlich oder nahe liegend eingeschätzt werden.

C2 Beschreibe für drei der genannten Probleme Maßnahmen, die einer Suchtentstehung vorbeugen können!
Konflikte mit den Eltern: Zum Beispiel von sich aus das Gespräch suchen und dabei die eigenen Bedürfnisse sachlich, aber auch deutlich vorbringen und so Konflikte klären und bewältigen.
Unerreichbare Schönheitsideale: Zum Beispiel Ernährung und Sport so gestalten, dass das eigene Wohlbefinden und die Gesundheit im Vordergrund stehen.
Liebeskummer: Zum Beispiel sich dem Schmerz stellen, sich Freunden anvertrauen und aktiv nach Möglichkeiten einer sinnvollen Bewältigung suchen.
Einsamkeit: Zum Beispiel auf Menschen im wirklichen Leben zugehen, sich ihnen öffnen und anvertrauen und so soziale Kontakte im wirklichen Leben knüpfen.
Misserfolge: Zum Beispiel sich auf die Bereiche konzentrieren, in denen man Erfolge hat, und die Bereiche, in denen man Misserfolge hat, nicht so wichtig nehmen.
Leistungsdruck: Zum Beispiel darauf achten, dass man versucht, die Anforderungen zwar engagiert zu bewältigen, aber ohne dabei über die eigenen Grenzen zu gehen.
Wenig Selbstvertrauen: Zum Beispiel verstärkt auf die Dinge achten, die man besonders gut kann und die einem besser als anderen gelingen.
Zusatzinformationen: Hier sind jeweils alle nachvollziehbar begründeten Vorschläge zu akzeptieren, da es sich stets um Auswege handelt, die unter subjektiver Beurteilung als sinnvoll erachtet werden. Falls die Schülerinnen und Schüler zu einzelnen Punkten keinerlei Perspektiven entwickeln können, kann die Lehrkraft durch eigene Impulse ergänzen, die im Plenum erörtert werden können. Es kann aber keinen objektiv richtigen Erwartungshorizont geben.

Seite 160–161 (Im Blickpunkt Neurobiologie: Suchtentstehung und Nervensystem)

1 Beschreibe die Einflüsse von Verhaltensweisen und Drogen auf das Gehirn bei der Entstehung von Süchten!

Bei Verhaltensweisen, die zu Erfahrungen von Erfolg, Macht, Zuwendung und Geborgenheit führen, erhält das Gehirn Informationen über angenehme äußere Reize, zum Beispiel anerkennende Blicke oder liebevolle Worte. Andere Verhaltensweisen liefern dem Gehirn Informationen über positive innere Reize, zum Beispiel das Gefühl von Wärme oder Entspannung. In beiden Fällen wird das Glückszentrum aktiviert. Daraufhin schütten seine Nervenzellen vermehrt den Signalstoff Dopamin aus. Dies führt zur Wahrnehmung von großem Wohlbefinden. Durch Gewöhnungsprozesse, die mit Veränderungen im Bau von Nervenzellen verbunden sind, benötigen sie selbst immer mehr von diesem Signalstoff, um normal funktionieren zu können. Das Gehirn benötigt daher immer häufiger und stärker eine Wiederholung der Verhaltensweisen, die Glücksgefühle auslösen. Viele chemische Stoffe aus Drogen wirken direkt auf die Nervenzellen des Glückszentrums und lösen dort ähnliche Vorgänge aus.

Legale Drogen

Seite 162–163

1 Beschreibe Gründe für den hohen Konsum von Alkohol und Tabak in der Gesellschaft!

In unserer Kultur besitzt der Alkohol- und Tabakkonsum im Rahmen zahlreicher Rituale der Erwachsenenwelt, vor allem bei feierlichen Anlässen, eine lange Tradition. Der Konsum von Alkohol und Tabak ist für Erwachsene legal und wird daher in der Öffentlichkeit an vielen Stellen durch Werbung angeregt. Hersteller und Händler dieser legalen Drogen erzielen durch den Alkohol- und Tabakverkauf beträchtliche finanzielle Gewinne. Über besondere Steuern kommt auch der Staat durch den Alkohol- und Tabakkonsum zu hohen Einnahmen.

Seite 165 (Material)

Material A – Alkoholgehalt

A1 Ermittle für eines der Getränke aus der Tabelle den Alkoholgehalt im Blut, den eine 60 kg schwere Frau jeweils nach einem Glas hat!

Da etwa 2/3 der Masse eines Menschen aus Körperflüssigkeiten bestehen, besitzt eine 60 kg schwere Frau ungefähr 40 l Körperflüssigkeiten.

Bier: Ein 0,5 Liter-Glas mit 5 Vol.-% enthält 25 ml Alkohol. 1 Glas → 25 ml (Alkohol): 40 l (Körperflüssigkeit) = 0,625 ‰ Blutalkohol

Alkopop: Ein 0,3 Liter-Glas mit 6 Vol.-% enthält 18 ml Alkohol. 1 Glas → 18 ml: 40 l = 0,45 ‰ Blutalkohol

Sekt: Ein 0,2 Liter-Glas mit 10 Vol.-% enthält 20 ml Alkohol. 1 Glas → 20 ml: 40 l = 0,5 ‰ Blutalkohol

Wodka: Ein 0,1 Liter-Glas mit 40 Vol.-% enthält 40 ml Alkohol. 1 Glas → 40 ml: 40 l = 1,0 ‰ Blutalkohol

Zusatzinformation: Entgegen der sonst üblichen Praxis muss im Folgenden eine Dimension (Alkohol in ml) durch eine andere (Körperflüssigkeit in l) dividiert werden, um den korrekten Zahlenwert des Blutalkoholspiegels in ‰ zu erhalten

Gestufte Hilfen:
Hilfe 1: Eine 60 kg schwere Frau besitzt 40 l Körperflüssigkeit.
Hilfe 2: 0,5 l Bier enthält 25 ml Alkohol; 0,3 l Alkopop enthält 18 ml Alkohol; 0,2 l Sekt enthält 20 ml Alkohol; 0,1 l Wodka enthält 40 ml Alkohol.
Hilfe 3: Berechne den Blutalkoholwert nach der Formel:

$$\text{Alkoholgehalt des Blutes} = \frac{\text{Aufgenommene Alkoholmenge in Milliliter}}{\text{Körperflüssigkeit in Liter}}$$

Material B – Auswirkungen des Alkohols

B1 Stelle die Versuchsergebnisse von Versuch A in einem geeigneten Diagramm dar!

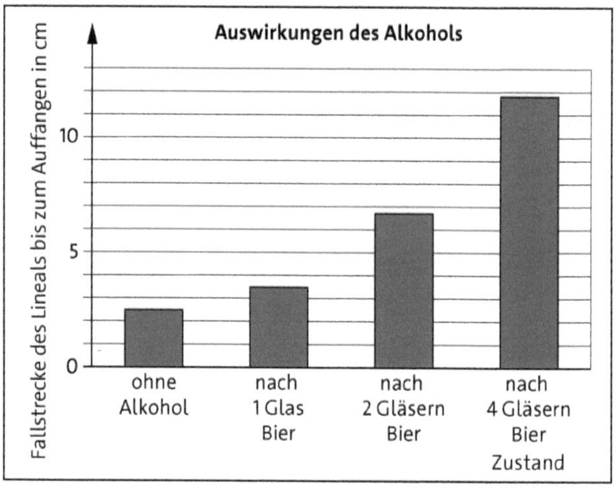

Gestufte Hilfen:
Hilfe 1: Geeignet ist ein Säulendiagramm, weil man mit seiner Hilfe besonders deutlich die Fallstrecken miteinander vergleichen kann.
Hilfe 2: Vorgabe der Achsenbeschriftung.
Hilfe 3: Vorgabe der Achsenskalierung der y-Achse: (0,5 cm = 1 cm Fallstrecke).

B2 Beschreibe die Versuchsergebnisse von Versuch A und werte sie aus!

Ohne Alkohol kann der junge Mann das Lineal schon nach 2,5 cm Fallstrecke auffangen. Nach 1 Glas Bier beträgt die Fallstrecke bis zum Auffangen 3,4 cm, nach 2 Gläsern 6,7 cm und nach 4 Gläsern 11,8 cm. Mit zunehmendem Alkoholkonsum nimmt also die Fallstrecke immer mehr zu.

Die Fallstrecke ist ein Maß für die Reaktionszeit, folglich nimmt die Reaktionszeit immer mehr zu. Eine Verdopplung der Alkoholmenge führt dabei fast zu einer Verdopplung der Fallstrecke und damit der Reaktionszeit.

B3 Beschreibe die Versuchsergebnisse von Versuch B!

Die Schrift der jungen Frau ist ohne Alkoholeinfluss gleichmäßig und gut leserlich. Die Rechtschreibung ist korrekt. Mit zunehmendem Alkoholkonsum wird sie immer ungleichmäßiger und unleserlicher. Nach 4 Gläsern Bier treten sogar Rechtschreibfehler auf.

B4 Stelle ausgehend von den Versuchsergebnissen Vermutungen an, wie sich der Alkoholkonsum auf die Teilnahme im Straßenverkehr auswirkt!

Die Versuche zeigen, dass Alkoholkonsum die Reaktionszeit verlängert und die Bewegung der Hände beeinträchtigt. Daher ist anzunehmen, dass man unter Alkoholeinfluss im Straßenverkehr auf plötzlich auftretende Gefahren nur zunehmend verzögert reagieren kann. Notwendige Lenkbewegungen zum Ausweichen können dann zum Beispiel nur verzögert und weniger kontrolliert ausgeführt werden. Ähnliche Probleme könnten auch beim Betätigen der Bremsen, der Blinker oder der Lichtschalter auftreten.

Material C – Medikamente

C1 Erläutere an einem der genannten Medikamente, wie sich eine Abhängigkeit entwickeln kann!

Bei Auftreten der Beschwerden, zum Beispiel Migräne, wird das entsprechende Medikament, zum Beispiel ein Schmerzmittel, eingenommen. Die Beschwerden verschwinden. Die Beschwerden haben jedoch eine langfristige (chronische) Ursache und kommen daher nach Absetzen des Medikaments rasch zurück. Schon beim geringsten Wiederauftreten der Beschwerden wird deshalb das Medikament erneut genommen. Die Häufigkeit des Medikamentengebrauchs führt allmählich zu einem Gewöhnungs- und Anpassungsprozess im Körper. Um die gleiche Wirkung zu erzielen, muss nun eine immer höhere Dosis eingenommen werden. Am Ende treten die Beschwerden bereits bei Nichteinnahme des Medikaments ohne weitere Ursachen auf.

Zusatzinformation: Das am Beispiel der Migräne dargestellte Suchtentstehungsmuster gilt für alle aufgeführten Medikamente. Treten die jeweiligen Beschwerden bereits bei Nichteinnahme des Medikaments ohne weitere Ursachen auf, kann es sich bereits um Entzugserscheinungen handeln, insbesondere bei Psychopharmaka.

C2 Beschreibe Möglichkeiten, wie man die in der Tabelle dargestellten Beschwerden jeweils auch ohne Medikamente erfolgreich behandeln kann!

Kopfschmerzen, Migräne, Menstruationsbeschwerden:

Eine medikamentenfreie Behandlung kann zum Beispiel erfolgen durch

- Bewegung (zum Beispiel leichten Sport) an der frischen Luft,
- viel Wasser trinken,
- eine Massage,
- kalte Umschläge auf Stirn und Schläfe,
- Wärmflasche,
- mit dem Arzt abgesprochene Ernährungsumstellung,
- mit dem Arzt abgesprochener Wechsel der Verhütungsmethode,
- Entspannungsübungen (zum Beispiel Atemübungen, Autogenes Training, Meditation oder Yoga).

Erschöpfung, Überlastung:

- bewusst eingeplante und konsequent eingehaltene Arbeitspausen,
- mehr und regelmäßigeren Schlaf,
- effektivere Zeitplanung,
- konsequentes Setzen von Schwerpunkten,
- Verzicht auf entbehrliche Nebentätigkeiten,
- vertrauensvolle Gespräche mit Freunden und Verwandten,
- psychologische Beratung,
- Entspannungsübungen (zum Beispiel Atemübungen, Autogenes Training, Meditation oder Yoga).

Andauernde Niedergeschlagenheit (Depression):

- viel Bewegung in der Natur (vor allem genussvoller Ausdauersport),
- konsequente Pflege von Freundschaften und sozialen Kontakten,
- vertrauensvolle Gespräche mit Freunden und Verwandten,
- psychologische Beratung.

Ängste, andauernder Stress:

- psychologische Beratung,
- Gespräche mit verständnisvollen Freunden und Familienangehörigen,
- gezielte Ausgleichstätigkeiten (zum Beispiel Hobbys, Sport),
- konsequentes Ablehnen von Überforderungen,
- Abbau unnötiger Belastungen,
- Veränderung der Arbeitsweise und -einstellung (Ein-) Schlafstörungen,
- sinnvolle Einschlafrituale,
- Verbesserung des Schlafortes (zum Beispiel neuer Standort des Bettes, andere Matratze),
- Abstellen von Störquellen (zum Beispiel durch Gehörschutz),

- Entspannungsübungen vor dem Einschlafen (zum Beispiel Atemübungen, Autogenes Training, Meditation oder Yoga),
- Umstellung der Ernährung (zum Beispiel abends nur kleine Mahlzeiten).

Zusatzinformation: Diese Aufstellung medikamentenfreier Behandlungsmethoden erhebt keinen Anspruch auf Vollständigkeit. Es handelt sich nicht um verbindliche medizinisch-therapeutische Ratschläge.

Illegale Drogen

Seite 166–168

1 Nenne die Gefahren, die mit der Beschaffung illegaler Drogen verbunden sind!
- Man begeht damit strafbare Handlungen.
- Man kann von Mitgliedern der Drogenszene daran gehindert werden, dieses Milieu wieder zu verlassen, da man Mitwisser von kriminellen Handlungen geworden ist.
- Die höheren Preise können einen Abhängigen in die Beschaffungskriminalität drängen.

2 Nenne die Gemeinsamkeiten von Kokain und amphetaminhaltigen Drogen!
- Sowohl Kokain als auch amphetaminhaltige Drogen dämpfen Hunger- und Durstgefühle.
- Beide führen zu einer Beschleunigung der Atmung und des Pulses.
- Sie wirken aufputschend und dadurch zumindest kurzfristig leistungssteigernd.
- Es besteht die Gefahr einer starken Abhängigkeit.
- Bei einer langfristigen Einnahme dieser Drogen muss mit lebensbedrohlichen Erschöpfungszuständen gerechnet werden.

Seite 169 (Material)

Material A – Konsum illegaler Drogen

A1 Nenne jeweils die illegale Droge, die von Jugendlichen beziehungsweise Erwachsenen am häufigsten konsumiert wird, und ermittle jeweils den ungefähren Prozentwert!
Jugendliche: Cannabis, etwas über 70 %
Erwachsene: Andere illegale Aufputschmittel, etwa 60 %

Gestufte Hilfe: 360 ° entsprechen 100 %.

A2 Stelle Vermutungen an, aus welchen Gründen beide Gruppen jeweils andere Drogen bevorzugen!
Jugendliche bevorzugen eine berauschende Droge, weil ihnen vermutlich meistens wichtig ist, dass sie ihre Sorgen und Probleme zumindest für einige Zeit vergessen können. Erwachsene bevorzugen aufputschende Drogen, weil ihnen vermutlich meistens wichtig ist, dass sie den hohen Anforderungen an ihre Leistungsfähigkeit im Beruf zumindest kurzzeitig besser gerecht werden können.

Material B – Drogenkarriere

B1 Erläutere mögliche Gründe für die Reihenfolge dieser Drogen!
Bei Bier und Tabak handelt sich um legale und daher leicht erhältliche Drogen. Der legale Zugang zu Alkohol ist bereits ab 16 Jahren möglich. Ihr Konsum ist gesellschaftlich anerkannt und seit langem in unserer Kultur in Rituale fest eingebunden. Sie eignen sich daher besonders als sogenannte Einstiegsdrogen.
Marihuana und Haschisch knüpfen an die Nikotinsucht an. Sie sind sowohl weit verbreitet, als auch leicht und relativ kostengünstig erhältlich. Beide Drogen erfüllen das Bedürfnis nach stärkerer Rauschwirkung, das im Laufe einer Suchterkrankung unvermeidlich ist. Sie sind daher besonders häufig als Einstiegsdrogen in den illegalen Bereich.
Die Rauschwirkung von Heroin ist extrem und befriedigt daher den Wunsch nach immer stärkerer wirkenden Drogen. Der Konsum ist allerdings sehr kostspielig und zwingt die Süchtigen meist zu intensiver Beschaffungskriminalität. Es kommt zu äußerst unangenehmen Nebenwirkungen, die meistens den Verlust des Arbeitsplatzes mit sich bringen. Diese Umstände führen dazu, dass diese Droge erst am Ende einer Drogenkarriere verwendet wird, da hier die Suche nach immer stärker wirkenden Mitteln so zwanghaft und kompromisslos ist, dass selbst extreme Nachteile und Schäden in Kauf genommen werden. Aus diesen Gründen ist Heroin oft die letzte Droge einer Suchtkarriere.
Zusatzinformation: Hinzu kommt, dass Teile der Gesellschaft den Konsum von Haschisch und Marihuana als unproblematisch ansehen und deshalb ihre Legalisierung fordern.

B2 Erstelle ein weiteres Beispiel für eine Drogenkarriere mit anderen Drogen und begründe!
Einstiegsdroge: zum Beispiel Computerspiele
Erste illegale Droge: zum Beispiel Ecstasy
Letzte illegale Droge: zum Beispiel Kokain
Begründung: Zwanghaftes und dadurch immer ausuferndes Spielen am PC stellt eine zunehmende körperliche Belastung dar. Es kommt zu Schlafmangel und in der Folge zu Konzentrationsstörungen. Um die eigene Leistungsfähigkeit wieder herzustellen, greifen die Süchtigen zu immer stärkeren Aufputschmitteln. Am Anfang kann dies zum Beispiel Ecstasy sein, am Ende steht oft Kokain.

Material C – Wunsch und Wirklichkeit

C1 Stelle Vermutungen an, weshalb viele Süchtige gerade diese Hoffnungen mit dem Drogenkonsum verbinden!

„Mehr Leistung!“: Die Leistungsanforderungen in der Schule und in der Arbeitswelt sind oft sehr hoch. Manche Menschen fürchten, diesen Ansprüchen nicht genügend gerecht werden zu können. Sie greifen deshalb zu leistungssteigernden Drogen oder Medikamenten.

„Mehr Freunde!“: Für viele Menschen haben Freundschaften eine besonders große Bedeutung für ihr Lebensglück. Gelingt es ihnen nicht, durch die alltäglichen Kontakte in Schule, am Arbeitsplatz und in der Freizeit genügend Freundschaften aufzubauen, greifen sie zu Drogen, da der gemeinsame Konsum legaler, besonders aber illegaler Drogen in einer eingeschworenen Gemeinschaft Gleichgesinnter eine besonders enge Verbundenheit verspricht.

„Mehr Selbstvertrauen!“: Manche Menschen, besonders Jugendliche, verfügen zeitweise über sehr wenig Selbstvertrauen. Sie greifen zu Drogen, weil die Werbung für legale Drogen die Illusion vermittelt, durch sie ein selbstbewussteres Auftreten zu bekommen. Andere glauben durch den verbotenen Konsum illegaler Drogen ihren Mut beweisen zu können und so mehr Selbstbewusstsein zu erlangen.

„Mehr Anerkennung!“: Manche Menschen leiden darunter, zu wenig Anerkennung zu bekommen. Sie konsumieren legale oder illegale Drogen, weil sie im ersten Fall typische Erwachseneneigenschaften und im zweiten Fall auch besonderen Mut demonstrieren möchten. So erhoffen sie sich mehr Anerkennung von Gleichaltrigen.

„Weniger Probleme!“: Manche Menschen glauben, bestimmte Probleme nicht lösen oder ertragen zu können. Sie versuchen sie daher zu verdrängen oder zu vergessen. Sie greifen deshalb zu berauschenden Drogen, die diese Sorgen kurzzeitig aus ihrem Bewusstsein verdrängen.

C2 Erläutere für zwei der Wünsche die Folgen, mit der ein Drogenabhängiger aufgrund seiner Sucht im wirklichen Leben rechnen muss!

„Mehr Leistung!“: Die Leistungsfähigkeit ist nur für die Dauer des Drogenkonsums kurzzeitig erhöht. Danach ist sie oft auf Grund der andauernden Nebenwirkungen und Entzugserscheinungen dauerhaft niedriger als zuvor.

„Mehr Freunde!“: Die Gemeinschaft beim Konsum legaler Drogen ist vor allem auf ihre Rituale und die Wirkungen der Drogen angewiesen. Außerhalb des gemeinsamen Rauchens und Alkoholtrinkens bestehen oft nur wenige Gemeinsamkeiten zwischen den Teilnehmern. Damit fehlt oft die Grundlage für eine weitergehende persönliche Freundschaft. Besonders die illegale Drogenszene führt lediglich zu Zweck- und Zwangsgemeinschaften, selten zu echten vertrauensvollen Freundschaften. Letztendlich können Süchtige auf Grund ihres zwanghaften Verhaltens überhaupt keine freundschaftlichen Beziehungen mehr aufrechterhalten.

„Mehr Selbstvertrauen!“: Da das scheinbar gesteigerte Selbstvertrauen nicht auf echten eigenen Eigenschaften oder Leistungen beruht, bricht es nach dem Drogenkonsum oft rasch wieder zusammen. Erkennt man diese Selbsttäuschung, ist es oft noch geringer als zuvor.

„Mehr Anerkennung!“: Da die Anerkennung sich lediglich auf Vortäuschen eines stärkeren Selbstbewusstseins oder auf eine besonders hohe Risikobereitschaft bezieht, erleben die Betroffenen langfristig nicht mehr Anerkennung ihrer Persönlichkeit als zuvor. Da der Drogenkonsum teilweise auch als große persönliche Schwäche angesehen wird, kann es sogar zu einem weiteren Verlust an Anerkennung kommen.

„Weniger Probleme!“: Durch das kurzzeitige Verdrängen und Vergessen der Probleme werden diese nicht gelöst. Sie erscheinen beim Nachlassen der Drogenwirkung sogar oft noch größer als zuvor. Hinzu kommt, dass der Drogenkonsum selbst zu vielfältigen Problemen führt, die die Situation noch weiter verschlimmern.

Immunbiologie

1 Krankheitserreger

Bakterien als Krankheitserreger

Seite 174–176

1 Nenne die Bedingungen im Körper des Menschen, die eine starke Vermehrung von Bakterien begünstigen können!
Im menschlichen Körper können manche Bakterien sich stark vermehren, weil sie dort optimale Bedingungen wie Wärme, gutes Nahrungsangebot und Feuchtigkeit finden.

2 Nenne drei Unterschiede im Bau von Bakterien- und Pflanzenzelle! Nimm dazu die Abbildung auf Seite 15 zu Hilfe!
Zellwand
Bakterienzelle: Bakterienzellwand, Kapsel
Pflanzenzelle: Pflanzenzellwand, keine Kapsel

Erbsubstanz
Bakterienzelle: frei im Zellplasma
Pflanzenzelle: im Zellkern

Chloroplasten/Mitochondrien
Bakterienzelle: keine Chloroplasten, keine Mitochondrien
Pflanzenzelle: Chloroplasten, Mitochondrien

Vakuole
Bakterienzelle: keine Vakuole
Pflanzenzelle: Vakuole

Größe
Bakterienzelle: Wenige Tausendstel Millimeter
Pflanzenzelle: ungefähr 50 mal größer

Seite 177 (Material)

Material A – Vermehrung von Bakterien

A1 Beschreibe das abgebildete Liniendiagramm und den Kurvenverlauf!
Im abgebildeten Liniendiagramm kann auf der Hochachse die Anzahl der Bakterien abgelesen werden. Auf der Rechtsachse ist die Zeit in Minuten dargestellt.
Die Anzahl der Bakterien steigt in den ersten 80 Minuten langsam an, dann nimmt die Anzahl der Bakterien immer schneller zu. Nach ungefähr 280 Minuten fällt die Kurve ebenso steil ab, wie sie vorher anstieg, erreicht aber das Ausgangsniveau nicht, sondern bleibt auf einem etwas höheren Wert.

A2 Ermittle, wie viele Bakterien nach drei Stunden aus einer Bakterienzelle entstanden sind, wenn alle 20 Minuten eine Teilung stattfindet. Stelle die errechneten Werte als Liniendiagramm dar!

Wertetabelle:

Zeit (Minuten)	0	20	40	60	80	100
Anzahl der Bakterien	1	2	4	8	16	32

Zeit (Minuten)	120	140	160	180
Anzahl der Bakterien	64	128	256	512

Nach drei Stunden sind aus einer Bakterienzelle 512 Bakterienzellen entstanden.

Liniendiagramm:

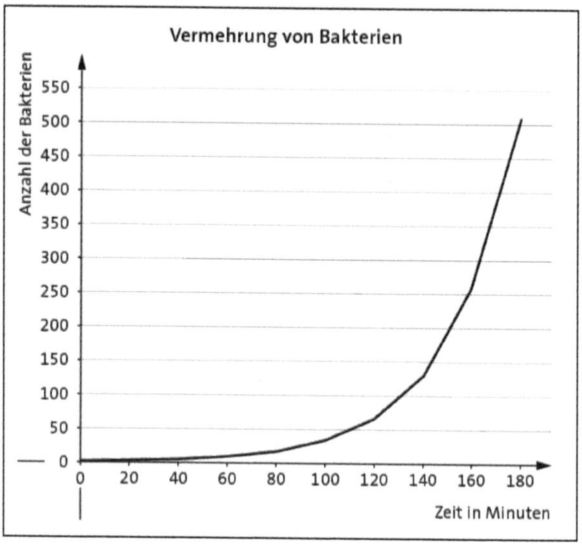

Gestufte Hilfen:
Hilfe 1: Lege zunächst eine Wertetabelle an.
Hilfe 2: Vorgabe der Achsenbeschriftung.
Hilfe 3: Vorgabe der Achsenskalierung (x-Achse: 1 cm = 20min; y-Achse: 1 cm = 100 Bakterien).

Zusatzinformation: Die Vermehrung von Bakterien wird durch ein exponentielles Wachstum beschrieben. Es kann als Funktion in einer allgemeinen Form $f(t)= a_0 e^{\lambda \cdot t}$ dargestellt werden. a_0 ist dabei die Anzahl der Bakterien zum Ausgangszeitpunkt $t=0$, e ist die Eulersche Zahl, λ ist die Wachstumsrate.

Wir wissen, dass zum Zeitpunkt t=0 ein Bakterium vorhanden ist. Daraus folgt f (0)=1, wir setzen ein:

$1 = a_0 \cdot e^{\lambda \cdot 0}$

$a_0 = 1$

Zum Zeitpunkt t=20 sind 2 Bakterien vorhanden. Daraus folgt: f(20) = 2, wir setzen ein:

$2 = 1 \cdot e^{\lambda \cdot 20}$

$\ln 2 = \lambda \cdot 20$

$\frac{\ln 2}{20} = \lambda$

$\lambda \approx 0{,}03466$

$\rightarrow f(t) = e^{\lambda \cdot t}$

Durch Einsetzen des Wachstumsfaktors λ und a_0 in die Formel $f(t) = a_0 \cdot e^{\lambda \cdot t}$ kann die Anzahl der Bakterien in unserem Beispiel zu beliebigen Zeitpunkten näherungsweise berechnet werden. Beispiel 60 Minuten:

$f(60) = 1 \cdot e^{0{,}03466 \cdot 60}$

$f(60) \approx 8$

A3 Vergleiche die von dir erstellte Kurve mit der abgebildeten Kurve!

Die im Buch abgebildete Kurve steigt zu Beginn ähnlich an wie die erstellte Kurve. Im weiteren Verlauf flacht die abgebildete Kurve ab, verläuft dann waagerecht und fällt schließlich bis fast auf das Ausgangsniveau ab. Die erstellte Kurve stellt einen Ausschnitt aus der abgebildeten Kurve dar. Die beiden Kurven unterscheiden sich im Maßstab der Zeitachse.

A4 Stelle Vermutungen an, wie sich die Unterschiede zwischen den beiden Kurven erklären lassen!

Die Bakterien können sich in einer bestimmten Umgebung nicht grenzenlos vermehren. Platz und Nährstoffe sind begrenzt, deshalb sinkt die Anzahl der Bakterien nach einiger Zeit ab. Nachdem die Nährstoffe aufgebraucht sind, sterben die Bakterien.

Gestufte Hilfe: Bedenke, dass Bakterien für ihre Lebensvorgänge Nährstoffe benötigen.

Zusatzinformation: Beide Kurven sind zeichnerisch unterschiedlich. Die von den Schülern erstellte Kurve stellt einen Ausschnitt aus der im Buch abgebildeten Kurve dar. Ursächlich für die Abnahme der Vermehrungsrate und den Rückgang der Bakterienanzahl sind: Nährstoffmangel, hohe Populationsdichte, sinkender O2-Partialdruck sowie die zunehmende Konzentration an Stoffwechselprodukten (z. B. Säuren) im Nährmedium. Die Bakterienzellen können auch durch zelleigene Enzyme aufgelöst werden (Autolyse).

Material B – Infektionen und Vorbeugung

B1 Vergleiche die Übertragungswege der genannten, durch Bakterien verursachten Krankheiten!

Die Pest wird durch den Stich eines Flohs übertragen. Der Tripper wird durch Geschlechtsverkehr oder bei der Geburt von der Mutter auf ihr Kind übertragen. Der Scharlach wird durch Tröpfcheninfektion übertragen.

B2 Beschreibe Maßnahmen, mit denen man sich vor einer Infektion mit den beschriebenen Krankheiten schützen kann!

Pest: Durch eine Bekämpfung von Ratten und Flöhen sowie einen Schutz der Menschen vor Flohstichen kann einer Infektion mit der Beulenpest vorgebeugt werden.
Tripper: Die Übertragung von Tripper kann durch den Gebrauch von Kondomen beim Geschlechtsverkehr verhindert werden.
Scharlach: Um eine Infektion mit Scharlach zu vermeiden, sollte man keinen zu engen Kontakt zu infizierten Personen haben.

B3 Stelle Vermutungen an, weshalb im Mittelalter so viele Menschen an der Pest erkrankten!

Die schlechten hygienischen Bedingungen im Mittelalter konnten zu einer starken Vermehrung der Ratten und Flöhe führen. Da man weder über den Übertragungsweg noch über den Erreger Bescheid wusste, konnte man die Krankheit nicht eindämmen. Antibiotika waren nicht bekannt.

Zusatzinformation: Die Pest tritt hauptsächlich in drei Erscheinungsformen auf, der Lungenpest, der Beulenpest sowie der Pestsepsis. Die Beulenpest endet unbehandelt in ca. 50 % der Fälle tödlich, die anderen Formen in nahezu allen Fällen. Die primäre Lungenpest wird durch Tröpfcheninfektion übertragen. Bei der Pestsepsis gelangen gleichzeitig große Mengen an Pesterregern (z. B. aus den nach innen platzenden Beulen) in die Blutbahn oder dann in die Lunge (sekundäre Lungenpest). Nach neueren Daten (Schuenemann et al. 2011 sowie Bos et al. 2011) scheint geklärt, dass Yersinia pestis für die verheerende Pandemie in der Mitte des 14. Jahrhunderts („Schwarzer Tod", ca. 75-200 Mio. Opfer in Eurasien) verantwortlich gemacht werden kann.
Welchen Anteil die Lungenpest an den Pandemien hatte, ist nicht bekannt, die Lungenpest ist auch heute noch nicht endgültig verstanden. Warum die Epidemien gegen Ende des 17. Jh. nur noch vereinzelt auftraten, ist ebenfalls nicht geklärt. Eine Beteiligung des Menschenflohs an der schnellen Ausbreitung der Pest wird diskutiert.
Die letzte große Pestepidemie grassierte im Winter 1910/11 in der chinesischen Mandschurei und forderte mindestens 60 000 Menschenleben. Als Reservoir für Yersinia fungierte das damals noch häufige Tarbagan-Murmeltier (Marmota sibirica), ein beliebtes Jagdtier.

Auch heute treten weltweit noch 1000 bis 2000 Pestfälle pro Jahr auf, z.B. in China, der DR Kongo und Madagaskar (WHO 2014).

B4 Stelle Vermutungen an, wie dieser Unterschied erklärt werden könnte!
Nach Naturkatastrophen kann das Trinkwasser auch durch menschliche Ausscheidungen verschmutzt werden, weil die Abwasserreinigung und/oder die Trinkwasserversorgung ausfallen. Wenn die Ausscheidungen eines cholerakranken Menschen ins Trinkwasser gelangen, können sich gleichzeitig viele Menschen, die dieses Wasser trinken, mit Cholera infizieren.
Die Übertragung von Scharlach geschieht dagegen durch Tröpfcheninfektion. Für die Übertragung ist relativ enger Kontakt notwendig.

Gestufte Hilfe: Berücksichtige dabei vor allem die Art der Infektionswege (siehe Lehrbuch Seite 174).

Viren als Krankheitserreger

Seite 178–179

1 Beschreibe Bau und Vermehrung eines Virus!
Bau: Ein Virus ist sehr klein und kugelig. Er besteht aus einer Proteinhülle mit zahlreichen Fortsätzen. Im Innern befindet sich Erbsubstanz.
Vermehrung: Ein Virus kann sich nicht selbst vermehren. Es benötigt zur Vermehrung eine lebende Wirtszelle. Trifft ein Virus auf eine Zelle, bleibt es mit seinen Proteinfortsätzen an der Oberfläche der Zelle haften. Das Virus wird von der Zellmembran umschlossen und in einem Membranbläschen in die Zelle aufgenommen. Dann bricht die Proteinhülle auf und die Erbsubstanz des Virus gelangt in die Wirtszelle. Die Erbsubstanz des Virus stellt nun den Stoffwechsel der Wirtszelle so um, dass Virusbausteine hergestellt werden. Die Bausteine fügen sich zu neuen Viren zusammen. Die Wirtszelle platzt und setzt eine große Anzahl von Viren frei, die weitere Zellen befallen können.

Weitere Krankheitserreger

Seite 183 (Material)

Material A – Malaria

A1 Vergleiche die unterschiedlichen Malariaerreger anhand der Kurvenverläufe!
Fieberkurve von Patient 1:
Der Erreger, mit dem sich Patient 1 infiziert hat, bewirkt innerhalb von 120 Stunden oder fünf Tagen zwei Fieberanfälle. Nach einem Fieberanfall am ersten Tag, sind der zweite und dritte Tag fieberfrei. Am vierten Tag erfolgt dann wieder ein neuer Fieberanfall.
Fieberkurve von Patient 2:
Der Erreger, mit dem sich Patient 2 infiziert hat, bewirkt innerhalb von 120 Stunden drei Fieberanfälle. Nach einem Fieberanfall am ersten Tag, ist nur ein Tag fieberfrei. Am dritten Tag erfolgt der zweite Fieberanfall, und nachdem der 4. Tag wieder fieberfrei war, erfolgt am 5. Tag der dritte Fieberanfall. Außerdem ruft dieser Erreger höheres Fieber hervor als der Erreger von Patient 1.

A2 Stelle eine Vermutung an, welcher der beiden Erreger gefährlicher ist und begründe!
Da die Fieberanfälle bei Patient 2 häufiger sind und höheres Fieber auftritt als bei Patient 1, müsste der Erreger von Patient 2 gefährlicher sein als der von Patient 1.
Zusatzinformationen: Die Fieberkurve von Patient 1 zeigt den Verlauf bei Malaria quartana, die durch eine Infektion mit Plasmodium malariae verursacht wird. Sie macht rund 7 % aller weltweiten Malariafälle aus und kommt hauptsächlich in Afrika vor. Die Inkubationszeit beträgt vier bis fünf Wochen. Ein Vermehrungszyklus dauert 72 Stunden. Da Plasmodium malariae vorzugsweise alte Erythrozyten befällt und damit weniger als 1 % der Erythrozyten befallen werden, ist die Parasitendichte nicht so hoch. Todesfälle durch Malaria quartana sind deshalb selten.
Die Fieberkurve von Patient 2 zeigt den Verlauf bei Malaria tertiana. Sie wird entweder durch eine Infektion mit Plasmodium vivax oder Plasmodium ovale verursacht. Plasmodium vivax ist weltweit verbreitet und vor allem in Asien häufig. Sie macht rund 43 % aller Malariaerkrankungen aus. Ein Vermehrungszyklus dauert 48 Stunden.
Plasmodium ovale kommt vorwiegend in Westafrika vor und verursacht etwa 1 % aller Malariaerkrankungen. Die Inkubationszeit beträgt zwei bis drei Wochen. Ein Vermehrungszyklus dauert 50 Stunden. Die beiden Erreger befallen nur junge Erythrozyten. Malaria tertiana führt selten zum Tod. Kleine Kinder können allerdings an einer durch diese Form der Malaria ausgelösten Blutarmut sterben. Außerdem enthält das Blut von Patienten mit Malaria tertiana von Beginn an geschlechtsreife Formen des Parasiten, wodurch Menschen im Umfeld eines Patienten bereits nach weniger als drei Wochen infiziert werden können.
Die gefährlichste Form von Malaria ist Malaria tropica. Sie wird durch eine Infektion mit Plasmodium falciparum verursacht und ist für 49 % aller Malariaerkrankungen verantwortlich. Plasmodium falciparum ist weltweit in den Tropen verbreitet. Die Inkubationszeit beträgt ein bis zwei Wochen. Ein Vermehrungszyklus dauert wie bei Plasmodium vivax 48 Stunden. Trotzdem sind unregelmäßig auftretende Fieberphasen charakteristisch. Ihre Gefährlichkeit beruht darauf, dass die Erreger Erythrozyten jeden Alters befallen können. Werden mehr als 25 % der Erythrozyten befallen, endet die Krankheit normalerweise tödlich.

A3 Beschreibe die Bedingungen, unter denen Malaria auch in Deutschland auftreten kann!

- Malariaerreger müssen nach Deutschland eingeschleppt werden. Dies könnte durch infizierte Menschen erfolgen oder durch *Anopheles*-Mücken, die Malariaerreger in sich tragen und zum Beispiel mit Gütern aus Malariagebieten nach Deutschland gelangen.
- Sind die Malariaerreger durch infizierte Menschen eingeschleppt worden, müssen für eine weitere Verbreitung in Deutschland *Anopheles*-Mücken vorhanden sein, die beim Stechen der infizierten Menschen die Erreger aufnehmen und weiter verbreiten.
- Die Mücken müssen geeignete Brutplätze, wie flache, schattige stehende Gewässer vorfinden, um sich vermehren zu können.
- Damit sich auch die Malariaerreger vermehren können, sind außerdem konstant hohe Temperaturen erforderlich.

A4 Informiere dich im Internet über die Verbreitung von Malaria! Nenne jeweils drei Länder mit einem geringen, hohen und sehr hohen Malariarisiko!

siehe Abbildung unten

Länder mit einem geringen Malariarisiko:
z.B. Westmexiko, Nordkolumbien, Mittel- und Nordbrasilien, Ostchina, Südindien

Länder mit einem hohen Malariarisiko:
z.B. Nicaragua, Honduras, Guyana, Suriname, Französisch Guyana, Pakistan, Indien, Bangladesh, Bhutan, Thailand, Vietnam, Nord- und Westbrasilien, Südkolumbien, Nordperu, Papua-Neuguinea

Länder mit einem sehr hohen Malariarisiko:
z.B. Senegal, Guinea, Ghana, Nigeria, Madagaskar, Kongo, Angola, Kenia, Tansania

Material B – Bandwürmer

B1 Formuliere eine passende Überschrift für die Abbildung!

Mögliche Überschriften:

- Lebenszyklus des Rinderbandwurms
- Lebenslauf des Rinderbandwurms
- Wirtswechsel des Rinderbandwurms
- Entwicklung und Übertragung des Rinderbandwurms zwischen Rind und Mensch

B2 Ordne den Zahlen die passenden Fachbegriffe zu!

1 = Finne, **2** = junger Rinderbandwurm, **3** = Kopf des Rinderbandwurms, **4** = Rinderbandwurm mit zahlreichen Körpergliedern, **5** = Körperglied mit reifen Eiern, **6** = Ei des Rinderbandwurms

Gestufte Hilfe: Vorgabe der Fachbegriffe in ungeordneter Reihenfolge.

B3 Beschreibe das biologische Prinzip der Angepasstheit am Beispiel des Rinderbandwurms!

Der Rinderbandwurm besitzt einen Kopf mit Saugnäpfen. Damit kann er sich im Darm verankern und wird nicht mit dem Speisebrei transportiert und aus dem Darm abgeschieden. Davor schützt ihn zusätzlich sein stark abgeplatteter Körper.

- Er besitzt kein Verdauungssystem, also keinen Mund, Darm und After. Da sein gesamter Körper von gelösten Nährstoffen umgeben ist, ist es für ihn vorteilhaft, die gelösten Nährstoffe direkt über seine Körperoberfläche aufzunehmen. Dadurch besitzt er eine große Oberfläche für die Nahrungsaufnahme. Verdauungsorgane sind deshalb nicht erforderlich.

Materialgebiete weltweit

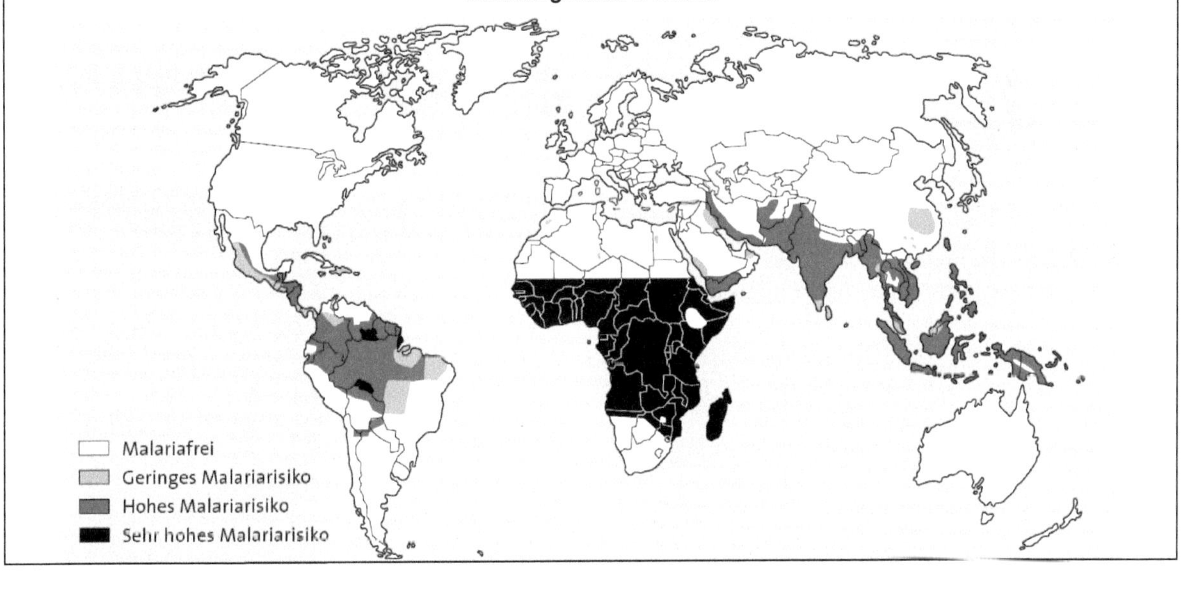

- Er wächst, indem er hinter dem Kopf neue Körperglieder bildet. Gehen also Körperglieder verloren, kann er weiterleben und wachsen.
- Er ist ein Zwitter und kann sich selbst befruchten. Damit ist er zur Vermehrung auf keinen zweiten Bandwurm im gleichen Darm angewiesen.

Gestufte Hilfen:
Hilfe 1: Berücksichtige dabei die Definition von Angepasstheit (siehe Lehrbuch Seite 7).
Hilfe 2: Berücksichtige dabei den Bau des Kopfes, die Art der Nahrungsaufnahme und des Wachstums, den Ort der Bildung neuer Körperglieder und die Art der Fortpflanzung.

B4 Vergleiche die Ursachen der Erkrankungen beim Rinder- und Fuchsbandwurm!
Mit einem Rinderbandwurm infiziert sich ein Mensch, wenn er Finnen mit rohem Rindfleisch aufnimmt. Diese setzen sich im menschlichen Dünndarm fest und entwickeln sich zu Bandwürmern. Da diese dem Menschen Nährstoffe entziehen, leiden befallene Menschen unter Hungergefühl, Übelkeit und Durchfall.
Mit einem Fuchsbandwurm infiziert sich ein Mensch, wenn er die Eier des Bandwurms aufnimmt. Die aus den Eiern hervorgehenden Finnen befallen die Leber, und es bildet sich eine große Finnenblase mit mehreren Bandwurmköpfen aus. Die Finnenblase schädigt die Leber sehr stark. Außerdem können sich Tochterblasen bilden, die sich ebenfalls in der Leber festsetzen, wodurch die Leber in ihrer Funktion noch stärker beeinträchtigt wird.

Gestufte Hilfe: Nenne zunächst die Entwicklungsstadien des jeweiligen Parasiten, die der Mensch bei einer Infektion aufnimmt, und stelle davon ausgehend dann die Ursachen der jeweiligen Krankheitserscheinungen dar.

B5 Erkläre, weshalb man in Regionen, in denen der Fuchsbandwurm vorkommt, nach dem Streicheln eines Hundes oder einer Katze dringend die Hände waschen sollte!
Hunde und Katzen können in Regionen, in denen der Fuchsbandwurm vorkommt, infizierte Mäuse fressen und dabei den Fuchsbandwurm in ihren Darm aufnehmen. Dieser bildet dort Eier, die mit dem Kot abgegeben werden. Wenn sich Hunde und Katzen putzen, können Bandwurmeier ins Fell gelangen, die man dann beim Streicheln an die Hände bekommen kann.

2 Immunsystem

Immunabwehr

Seite 184–186

1 Nenne die Zellen, die an der spezifischen Immunabwehr beteiligt sind und ihre jeweilige Aufgabe!
- Zelle, die Antikörper herstellt: bildet spezifisch Antikörper gegen Antigene der Krankheitserreger
- Fresszellen: nehmen verklumpte Krankheitserreger auf
- Killerzelle: tötet von Viren befallene Körperzellen

Seite 187 (Material)

Material A – Übertragungswege von Krankheitserregern

A1 Beschreibe die in den Abbildungen dargestellten Übertragungswege von Krankheitserregern!
A: Der Hund schleckt das Gesicht des Kindes im Nasen- und Mundbereich ab. Durch den Speichel des Hundes und durch den engen Kontakt mit dem Körperfell des Hundes können dort lebende Krankheitserreger auf das Kind übertragen werden.
B: Bei einem Insektenstich kann der Speichel des Insektes mit Krankheitserregern direkt in die Haut oder in die Blutbahn von Menschen übertragen werden.
C: An der Oberfläche von ungewaschenem Obst können sich Krankheitserreger befinden. Beim Essen gelangen diese dann in unseren Körper.
D: Die überall in der Luft vorkommenden Krankheitserreger können sich vorübergehend auch auf unserer Haut aufhalten. Im Kontakt mit anderen Gegenständen geben wir diese wieder weiter wie zum Beispiel an Haltegriffen in Bussen. Diese Gegenstände werden häufiger berührt. Die Krankheitserreger gelangen direkt über die Haut in unseren Körper, oder wenn man sich anschließenden mit der Hand über das Gesicht im Nasen- und Mundbereich fährt.

A2 Nenne weitere Möglichkeiten der Übertragung von Krankheitserregern aus deinem Schulalltag!
- bei der Berührung der Türklinken, Bälle im Sport, Computertastatur, Toilette;
- durch das Niesen oder Husten eines Mitschülers;
- durch das gemeinsame Trinken aus einer Flasche;
- durch herumliegende, verunreinigter Papiertaschentücher;
- bei Verletzung der Haut, zum Beispiel im Sportunterricht;
- …

A3 Beschreibe, wie man sich in den dargestellten Situationen vor Infektionen mit Krankheitserregern schützen kann!

A: Das Kind sollte zum Beispiel durch Abwenden seines Gesichtes vermeiden, dass der Hund mit seiner Zunge über die Lippen oder über die Nasenöffnung des Kindes lecken kann.

B: Durch Einreiben der Haut mit einem Insektenschutzmittel kann man sich vor einem Insektenstich schützen.

C: Obst vor dem Verzehr gut waschen, um die Krankheitserreger zu entfernen.

D: Die Hände sorgfältig mit Seife waschen oder mit einem Desinfektionsmittel einreiben, damit die Bakterien und andere Krankheitserreger entfernt oder getötet werden.

A4 Nenne die Abbildungen, in denen der erste Abwehrmechanismus des Körpers greift! Beschreibe die jeweils möglichen Schutzeinrichtungen!

In den Situationen A, C und D greift der erste Abwehrmechanismus des Körpers.

Mögliche Schutzeinrichtungen:

A: Die feuchte Schutzschicht der Mund- und Nasenschleimhäute schützt vor dem Eindringen von Krankheitserregern.

C: Bakterien werden durch die Magensäure abgetötet.

D: Der Säureschutzmantel auf der Haut ist für viele Krankheitserreger lebensfeindlich.

Material B – Antikörper

B1 Zeichne zu den drei abgebildeten Erregern die spezifischen Antikörper!

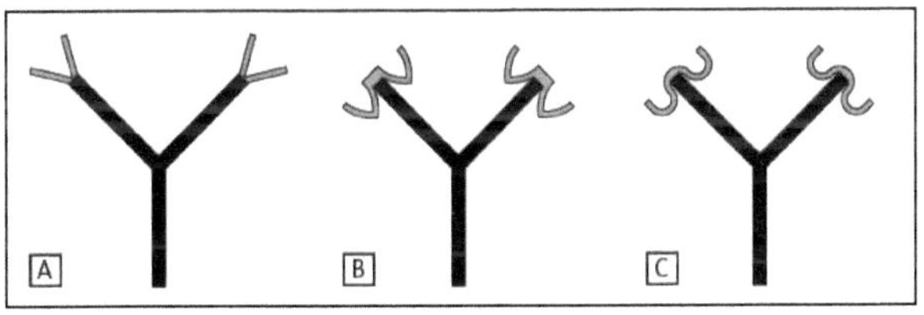

A = Antikörper gegen Antigen des Krankheitserregers A
B = Antikörper gegen Antigen des Krankheitserregers B
C = Antikörper gegen Antigen des Krankheitserregers C

Gestufte Hilfe: Beachte, dass ein Antikörper jeweils 2 Krankheitserreger des gleichen Typs binden kann.

B2 Beschreibe anhand dieser Beispiele das Schlüssel-Schloss-Prinzip!

Wie beispielsweise am Bau der Antikörper gegen die Antigene des Krankheitserregers B zu sehen ist, passen diese weder auf die Antigene des Krankheitserregers A noch auf die Antigene des Krankheitserregers C. Daher kann hier keine Bindung zwischen Antikörper und Antigen stattfinden. Wie ein Schlüssel zum zugehörigen Schloss passen die Antikörper B nur zu den Antigenen B.

B3 Erläutere die Vorteile der Bekämpfung von Krankheitserregern durch Antikörper!

Antikörper können spezifisch an Antigene binden und so gezielt einen bestimmten Erreger an seiner Vermehrung hindern.

Die Antikörper passen zum entsprechenden Antigen wie ein Schlüssel zum Schloss. Das Schlüssel-Schloss-Prinzip ist ein biologisches Prinzip, das zum Beispiel auch bei Enzymen Anwendung findet, wenn ein Substrat genau zu einem Enzym passt. Antikörper verfügen über zwei spezifische Bindungsstellen für ein bestimmtes Antigen. Dadurch können viele Antikörper mit den Antigenen zahlreicher Erreger zu einem Klumpen reagieren. In kürzerer Zeit können auf diese Weise mehr Erreger aus dem Blut „abgefangen" werden, weil die Fresszellen mit einem Vorgang nicht einzelne Erreger, sondern viele zu einem Klumpen zusammengeballte Erreger aufnehmen können. Die Beseitigung über die Fresszellen kann auf diese Weise schneller ablaufen.

Zusatzinformation: Es gibt weitere Vorteile. Viren werden daran gehindert in die Zellen einzudringen, weil sie in verklumpter Form die Zellen nicht infizieren können. Zudem werden Antikörper nur dann spezifisch gebildet, wenn der Krankheitserreger in den Körper eingedrungen ist. Dadurch wird Material und Energie eingespart.

B4 Nenne ein weiteres Beispiel für das Schlüssel-Schloss-Prinzip!

- Verdauungsenzyme und Nährstoffe, zum Beispiel Amylase und Stärke

Material C – Fieber

C1 Beschreibe das Diagramm und den Kurvenverlauf!

Die Hochachse, die y-Achse, des Diagramms repräsentiert die Körpertemperatur in Grad Celsius. Auf der Rechtsachse, der x-Achse, des Diagramms sind die Tage im Verlauf der Grippeerkrankung eines infizierten Kindes eingetragen. In den ersten zwei Tagen schwankt die Körpertemperatur geringfügig um 37 Grad Celsius. Nach zwei Tagen beginnt die Kurve anzusteigen. Am vierten Tag hat das Fieber seinen höchsten Wert von 40 Grad Celsius erreicht. Der Kurvenabfall ist etwas flacher. Es dauert sechs Tage bis die normale Körpertemperatur von 37 Grad wieder erreicht wird.

C2 Erkläre, weshalb das Fieber ab dem vierten Tag zurückgeht!

Die Killerzellen erkennen die mit Grippeviren befallenen Körperzellen und zerstören diese. Die Grippeviren werden daher an ihrer Vermehrung gehindert. Die im Blut vorkommenden Grippeviren werden durch die gebildeten Antikörper verklumpt und durch die anschließende Tätigkeit der Fresszellen beseitigt. Dadurch nimmt die Zahl der Grippeviren ab, und das Fieber beginnt zu sinken.

Immunisierung

Seite 188–190

1 Erkläre, weshalb die aktive Immunisierung als Schutzimpfung bezeichnet wird!
Bei der aktiven Immunisierung werden abgeschwächte oder abgetötete Krankheitserreger geimpft. Die spezifische Immunabwehr wird in Gang gesetzt, und zudem werden viele Gedächtniszellen gebildet. Bei einer späteren Infektion durch den gleichen Erreger sorgen diese Gedächtniszellen dafür, dass in sehr kurzer Zeit große Mengen von spezifischen Antikörpern gegen die Antigene des Erregers gebildet werden. Der Ausbruch der Krankheit wird dadurch verhindert. Da der Körper bei dieser Impfung selbst einen Schutz aufbaut, bezeichnet man die aktive Immunisierung als Schutzimpfung.

2 Nenne die Unterschiede zwischen aktiver und passiver Immunisierung! Fertige dazu eine Tabelle an!

	Aktive Immunisierung	Passive Immunisierung
Art des Impfstoffs	Abgeschwächte oder abgetötete Erreger werden geimpft.	Spezifische Antikörper werden geimpft.
Immunantwort	Eigene spezifische Immunabwehr wird durch den Impfstoff in Gang gesetzt.	Eigene spezifische Immunabwehr wird durch den Impfstoff nicht in Gang gesetzt.
Impfmethode	Vorbeugende Maßnahme: Schutzimpfung.	Unterstützende Maßnahme zur Heilung: Heilimpfung.
Immunität	Der Körper wird immun.	Der Körper wird nicht immun.

Zusatzinformation: Bei einer aktiven Immunisierung mit abgeschwächten Krankheitserregern kann es sich wie im Falle der Windpocken um einen Lebendimpfstoff handeln, d.h. die Viren können sich noch vermehren. Aus Gründen der didaktischen Reduktion und der abnehmenden Tendenz, Lebendimpfstoffe zu verwenden, wird im Schulbuchtext die eventuelle Vermehrungsfähigkeit nicht berück.
Bei Schwangeren ohne Impfschutz und bei abwehrgeschwächten Patienten (auch bei gefährdeten Neugeborenen), die in Kontakt mit Windpocken kommen, muss innerhalb von wenigen Tagen eine passive Immunisierung erfolgen.

3 Erstelle ein Pfeildiagramm, das die einzelnen Verfahrensschritte zur Herstellung eines Heilserums beschreibt!

Impfung von Tieren, zum Beispiel Pferden, mit abgeschwächten Krankheitserregern

↓

Bildung von spezifischen Antikörpern im Pferdeblut gegen die jeweiligen Erreger

↓

Entnahme von Pferdeblut mit den spezifischen Antikörpern

↓

Reinigung und Herstellung des Heilserums im Labor

↓

fertiger Impfstoff: Heilserum mit den spezifischen Antikörpern

Gestufte Hilfe: Vorgabe der Elemente des Pfeildiagramms in ungeordneter Reihenfolge.

Seite 191 (Material)

Material A – Experiment mit Blut

A1 Beschreibe die Durchführung des Experiments!
Das Experiment besteht aus drei Ansätzen. In jedem Ansatz wurde die gleiche Menge einer Lösung mit Typhuserregern verwendet.
In Versuchsansatz A wurde 10 Milliliter Blut einer an Typhus erkrankten Person in die Typhuslösung getropft.
In Versuchsansatz B wurde 10 Milliliter Blut einer gesunden Person in die Typhuslösung getropft.
In Versuchsansatz C wurde 10 Milliliter Blut einer Person, die zuvor gegen Typhus aktiv geimpft wurde, in die Typhuslösung getropft.

A2 Formuliere eine Frage, die mit dem Experiment beantwortet werden kann!
mögliche Fragen:
- Werden bei einer aktiven Immunisierung ähnlich viele Antikörper gebildet wie bei einer an Typhus erkrankten Person?
- Haben Personen, die nicht an Typhus erkrankt sind, Antikörper gegen die Typhuserreger in ihrem Blut?
- Werden durch eine aktive Immunisierung Antikörper gegen die Typhuserreger gebildet?

A3 Deute die Ergebnisse! Nenne dabei auch die Bedeutung des Versuchsansatzes B!
Versuchsansatz A: Das Blut einer an Typhus erkrankten Person enthält spezifische Antikörper gegen die Typhuserreger. Die Antikörper verklumpen die Typhuserreger in der Flüssigkeit.

Versuchsansatz B: Das Blut einer gesunden Person enthält keine spezifischen Antikörper gegen die Typhuserreger. Es kommt daher zu keiner Verklumpung.
Dieser Versuchsansatz dient als Kontrolle.
Versuchsansatz C: Das Blut einer Person, die zwei Wochen zuvor gegen Typhus aktiv immunisiert wurde, hat Antikörper gegen die Typhuserreger gebildet. Die verklumpte Menge entspricht derjenigen in Versuchsansatz A. Die aktive Immunisierung gegen die Typhuserreger ist demnach erfolgreich verlaufen.

Gestufte Hilfen:
Hilfe 1: Berücksichtige die Bedeutung von Antikörpern.
Hilfe 2: Überlege, wie man überprüfen kann, ob eine aktive Immunisierung erfolgreich war.

A4 Wenn man in Ansatz C Blut einer Person verwendet, die mehrere Jahre zuvor gegen Typhus aktiv immunisiert wurde, erhält man das gleiche Ergebnis wie in Ansatz B. Erkläre!
Mehrere Jahre nach der aktiven Immunisierung sind alle bei dieser Immunabwehr gebildeten Antikörper abgebaut. Nur noch die Gedächtniszellen sind vorhanden. Diese können aber die Typhuserreger nicht verklumpen. Außerhalb des Körpers können sie auch nicht die Bildung von Antikörpern auslösen. Daher ist das Ergebnis gleich wie in Ansatz B.

Gestufte Hilfen:
Hilfe 1: In Ansatz B werden die Erreger nicht verklumpt.
Hilfe 2: Beachte die Lebensdauer der Antikörper im Vergleich zu den der Gedächtniszellen.

Material B – Impfbuch

B1 Nenne die Krankheitserreger und die Krankheiten, gegen die das einjährige Kleinkind bereits geimpft wurde! Informiere dich dazu in Nachschlagewerken oder im Internet!
- Tetanus-Bakterien: Wundstarrkrampf
- Diphterie-Bakterien: Erkrankung der Atemwege
- Pertussis-Bakterien: Keuchhusten
- Poliomyelitis-Viren: Kinderlähmung
- Hib-Bakterien: Hirnhautentzündung
- Hepatitis B-Viren: Leberentzündung
- Pneumokokken-Bakterien: Lungenentzündung
- Rotavirus: wässrige Durchfallerkrankung

Zusatzinformation: Eine aktive Immunisierung gegen Varizellen (= Windpocken), Masern, Mumps und Röteln wird erst ab circa dem ersten Lebensjahr durchgeführt. Zum Thema Immunisierung kann man sich auf der Internetseite der Ständigen Impfkommission (STIKO) des Robert Koch-Institutes informieren.

B2 Erkläre, weshalb Auffrischungsimpfungen erforderlich sind!
Wenn die bei der aktiven Immunisierung gebildeten Gedächtniszellen nicht ein Leben lang erhalten bleiben, muss eine Auffrischungsimpfung mit den gleichen abgetöteten oder abgeschwächten Erregern erfolgen.
Es werden dadurch neue Gedächtniszellen gebildet, die bei einer Infektion in ganz kurzer Zeit dafür sorgen, dass eine große Menge an Antikörpern zur Verfügung steht, und die Infektionskrankheit somit nicht ausbrechen kann.

Gestufte Hilfe: Beachte die Rolle der Gedächtniszelle bei der Immunreaktion.

B3 „Impflücken", wie zum Beispiel bei Diphtherie, entstehen, wenn man die Auffrischungsimpfungen unterlässt. Die Diphtherie kann sich dann wieder stark ausbreiten. Erkläre diesen Sachverhalt!
Krankheitserreger wie Bakterien oder Viren können sich in den Menschen ohne Impfschutz wieder vermehren und auch auf weitere ungeschützte Menschen übertragen werden. Auf diese Weise können sich bestimmte Infektionskrankheiten erneut stark ausbreiten.

Material C – Historisches Experiment

C1 Stelle eine Vermutung an, weshalb der Junge durch die Infektion mit den Kuhpockenviren auch gegen die gefährlichen Pockenviren geschützt war!
Die Kuhpockenviren und die gefährlichen echten Pockenviren müssen ähnliche Antigene besitzen. Durch die Infektion mit den Kuhpockenviren werden die gleichen Gedächtniszellen und spezifischen Antikörper gebildet, welche auch gegen die gefährlichen echten Pockenviren wirken. Da die Gedächtniszellen über mehrere Jahre erhalten bleiben, erkrankte der Junge nicht durch die Infektion mit diesen gefährlichen Viren.

Gestufte Hilfe: Berücksichtige den Bau der Antigene, das Schlüssel-Schloss-Prinzip und die Bildung von Gedächtniszellen.

C2 Nenne die Methode, die Edward JENNER erfunden hat!
Edward JENNER hat die Impfmethode der aktiven Immunisierung erfunden.

Seite 192 (Im Blickpunkt Medizin: Blutgruppen)

1 Erkläre, wie man mithilfe zweier Testseren die Blutgruppe 0 bestimmen kann!
Zur Bestimmung der Blutgruppe 0 vermischt man zunächst einen Tropfen der Blutprobe mit dem Testserum Anti-A und einen weiteren Tropfen mit dem Testserum Anti-B. Da bei der Blutgruppe 0 die roten Blutzellen keine Antigene auf ihrer Oberfläche tragen, können sie weder die Anti-A-Antikörper des Testserums Anti-A, noch die Anti-B-Antikörper des Testserums Anti-B an

der Oberfläche der roten Blutzellen binden. In beiden Ansätzen ist also keine Verklumpung zu beobachten.
Zusatzinformation: Die Ergebnisse der Blutgruppenbestimmungen sehen bei den Blutgruppen A, B und AB jeweils anders aus, da diese Antigene auf der Oberfläche ihrer roten Blutzellen besitzen. Zum Beispiel sind bei der Blutgruppe AB Verklumpungen in beiden Ansätzen sichtbar, da sich die Anti-A-Antikörper aus dem Testserum Anti-A mit dem Antigen A verbinden und die Anti-B-Antikörper aus dem Testserum Anti-B mit dem Antigen B. Bei der Blutgruppe A oder B verklumpt jeweils nur eine Probe.

HI-Virus – Angriff auf das Immunsystem

Seite 194–196

1 Erkläre die Gefährlichkeit von HI-Viren!
HI-Viren befallen Helferzellen und zerstören diese. Dadurch sinkt die Anzahl an Helferzellen. Da Helferzellen für die Aktivierung der Immunabwehr verantwortlich sind, führt dies zu einer starken Schwächung der Immunabwehr. Sonst harmlose Krankheitserreger können dadurch nicht mehr ausreichend bekämpft werden.

2 Erstelle ein Pfeildiagramm der Vorgänge 1 bis 10 in Abbildung 03!
Ein HI-Virus bleibt mit seinen Proteinfortsätzen an der Oberfläche einer Helferzelle haften. (**1**)

↓

Die Proteinhülle des HI-Virus verschmilzt mit der Membran der Wirtszelle und öffnet sich in die Wirtszelle. (**2**)

↓

Der Innenkörper des HI-Virus gelangt in die Wirtszelle, und die Erbsubstanz des HI-Virus wird ins Zellplasma der Wirtszelle freigesetzt. (**3**)

↓

Die HIV-Erbsubstanz wandert in den Zellkern der Wirtszelle. (**4**)

↓

Die HIV-Erbsubstanz wird in die Erbsubstanz der Wirtszelle eingebaut. (**5**)

↓

Im Zellkern wird die HIV-Erbsubstanz vervielfältigt. Die Kopien werden ins Zellplasma abgeben. (**6**)

↓

Anhand der Kopien werden HIV-Bausteine hergestellt. (**7**)

↓

In der Nähe der Zellmembran der Wirtszelle werden die Bausteine zu neuen HI-Viren zusammengesetzt. (**8**)

↓

Ein neuer HI-Virus schnürt sich von der Wirtszelle ab. (**9**)

↓

Neue HI-Viren haben die Wirtszelle verlassen. (**10**)

Seite 197 (Material)

Material A – HIV-Übertragung

A1 Nenne die Abbildungen, die Situationen zeigen, bei denen ein hohes Risiko besteht, sich mit HIV zu infizieren!
Das Risiko einer HIV-Infektion ist hoch bei: B = Blutkontakt bei Erste-Hilfe-Maßnahmen, z. B. ohne Handschuhe, C = Benutzung gemeinsamer Spritzen, z. B. bei Drogenabhängigen und E = ungeschütztem Geschlechtsverkehr, z. B. ohne Kondom.

A2 Erkläre für die Abbildung E das Infektionsrisiko!
Bei infizierten Personen ist die Anzahl an HI-Viren im Blut und in der Spermien- und Scheidenflüssigkeit besonders hoch. Da am Penis und in der Scheidenschleimhaut oft kleinste, nicht bemerkbare Risse vorhanden sind, können beim ungeschützten Geschlechtsverkehr HI-Viren aus der Spermien- oder Scheidenflüssigkeit ins Blut des nicht infizierten Partners gelangen.

A3 Beschreibe ein weiteres Beispiel für eine mögliche HIV-Infektion!
- Eine infizierte Mutter kann bei der Geburt ihr Kind durch Blutkontakt infizieren. Das Kind kann auch beim Stillen durch HI-Viren in der Muttermilch infiziert werden.
- Blutkonserven, die nicht streng auf HIV untersucht wurden, stellen ein Infektionsrisiko dar.

Material B – Krankheitsverlauf einer HIV-Infektion

B1 Beschreibe die beiden Diagramme und den jeweiligen Kurvenverlauf!
Im linken Diagramm ist die Anzahl an HI-Viren im Blut einer infizierten Person während der ersten zwölf Wochen nach der Infektion und im Laufe der folgenden Jahre dargestellt. Das rechte Diagramm zeigt die Anzahl an Helferzellen im Blut für den gleichen Zeitraum. In beiden Diagrammen sind die Phasen des Krankheitsverlaufs eingezeichnet.
Die Anzahl an HI-Viren steigt in der akuten Phase steil an auf fast eine Million Viren in einem tausendstel Liter Blut. Gleichzeitig sinkt die Anzahl an Helferzellen deutlich von etwa Tausend Zellen in einem millionstel Liter Blut auf etwa 500 Zellen. Beim Übergang von der akuten in die verborgene Phase sinkt die Anzahl an HI-Viren wieder und die Anzahl an Helferzellen steigt etwas an. Während der verborgenen Phase ist ein langsamer aber stetiger Anstieg der Anzahl an HI-Viren und eine allmähliche Abnahme der Anzahl an Helferzellen zu beobachten. In der Aids-Phase steigt dann die Anzahl an Viren wieder steil an und überschreitet den höchsten Wert in der akuten Phase. Die Anzahl an Helferzellen sinkt

gleichzeitig auf einen sehr niedrigen Wert, deutlich unter 200 Zellen in einem millionstel Liter Blut.

B2 Erkläre den Zusammenhang der beiden Kurven!
Der gegenläufige Verlauf der beiden Kurven kommt dadurch zustande, dass HI-Viren Helferzellen befallen und zerstören. Je mehr HI-Viren im Blut sind, desto mehr Helferzellen können befallen und zerstört werden.

B3 Vergleiche die Aids-Phase mit der akuten Phase! Begründe in welcher Phase die Krankheitserscheinungen schwerwiegender sind!
In der Aids-Phase nimmt die Anzahl an HI-Viren im Blut stärker zu als in der akuten Phase, und im Gegensatz zur akuten Phase nimmt sie nicht mehr ab. Die Anzahl an Helferzellen ist in der Aids-Phase sehr viel geringer als in der akuten Phase. Die Krankheitserscheinungen in der Aids-Phase sind deshalb schwerwiegender als in der akuten Phase, weil die Anzahl an Helferzellen in der Aids-Phase so niedrig ist, dass die Immunabwehr kaum noch aktiviert werden kann und sich damit Krankheitserreger ungehindert vermehren und den Körper schädigen.

Gestufte Hilfe: Berücksichtige die Aufgabe der Helferzellen bei der Abwehr von Krankheitserregern zum Beispiel Bakterien.

Material C – Schutz vor Aids

C1 Beschreibe die abgebildeten Werbeplakate!
Plakat A
Es ist eine Brille abgebildet, deren Gläser durch rosafarbene Kondome ersetzt sind. Links über der Brille steht „Für Verliebte“, rechts unter der Brille „mach's mit“ mit einem Hinweis auf die Internetseite machsmit.de. Außerdem steht eingerahmt links unten in Großbuchstaben „GIB AIDS KEINE CHANCE“, wobei das Wort AIDS rot unterlegt ist und KEINE durch einen größeren Abstand der Buchstaben hervorgehoben ist.

Plakat B
Hier ist das Wort „COOL“ über die gesamte Plakatbreite abgebildet, wobei die beiden O durch blaue Kondome ersetzt sind. Rechts unter dem Wort steht in kleineren Buchstaben wie bei Plakat A „mach's mit“, und links unten steht ebenfalls wie bei Plakat A „GIB AIDS KEINE CHANCE“.

C2 Erläutere die Aussagen eines der beiden Plakate!
Plakat A
Wenn man verliebt ist, nimmt man seine Umwelt anders wahr. Dies führt dazu, dass die Wirklichkeit teilweise ausgeblendet wird und man die Welt unkomplizierter und schöner wahrnimmt, vergleichbar dem Blick durch eine „rosarote Brille“. Das Plakat weist durch den Schriftzug „Für Verliebte“ und die rosarote Brille auf diesen Zustand hin. Das Ersetzen der Brillengläser durch rosarote Kondome fordert aber gleichzeitig dazu auf, auch in diesem Zustand den Schutz vor einer HIV-Infektion nicht aus den Augen zu verlieren und beim Geschlechtsverkehr Kondome zu verwenden. Dies wird durch den Schriftzug "mach's mit" zusätzlich klar formuliert.

Plakat B
Cool sein bedeutet sich unaufgeregt, ruhig, gelassen, souverän und kontrolliert zu verhalten. Eigenschaften, die von Jugendlichen sehr geschätzt werden. Durch das Ersetzen der beiden O von COOL durch blaue Kondome fordert das Plakat dazu auf, beim Geschlechtsverkehr auch cool zu handeln und Kondome zum Schutz vor einer HIV-Infektion zu verwenden. Die blaue Farbe der Kondome steht für die Übersetzung von cool als kühl und verstärkt die Forderung, einen „kühlen Kopf zu bewahren“. Der Schriftzug „mach's mit“ formuliert zusätzlich die Forderung des Plakats.

C3 Entwirf selbst eine Postkarte zum Thema Aids!
individuelle Schülerlösung

Bildquellenverzeichnis

Titel: ddp images / Wolfgang Zwanzger
Sonnenblumen mit Stieglitz: Imago
Mädchen: Shutterstock / Kamil Macniak
junges Paar: mauritius images / Photo Alto
Augen: Shutterstock / Elena Yakusheva
Impfung: mauritius images/Science Photos Library